生きる力を育む
生徒指導

【編著】
藤田主一
齋藤雅英
宇部弘子
市川優一郎

森嶋昭伸／森 徹／堀 洋元／白旗和也／後藤 彰／佐々木史之
松平昭二／三村 覚／半田勝久／門屋貴久／三好仁司

福村出版

[JCOPY] 〈出版者著作権管理機構 委託出版物〉
本書の無断複写は著作権法上での例外を除き禁じられています。複写され
る場合は，そのつど事前に，出版者著作権管理機構（電話 03-5244-5088，
FAX 03-5244-5089, e-mail: info@jcopy.or.jp）の許諾を得てください。

まえがき

　今日，わが国では児童生徒の規範意識や倫理観が低下しているとの指摘があり，各学校ではかれらの発達段階に応じた生徒指導を適切に進めていくことが求められている。

　このような現状のなかで，本書『生きる力を育む生徒指導』は大きく2つの目的をもって企画された。1つは，大学などの教職課程において「生徒指導」を履修する学生のためのテキストとして，また，広く教育現場で児童生徒や保護者とかかわる教職員のための参考書として使用されることである。私たちは，2009（平成21）年，福村出版より前書『新 生徒指導論12講』を著し，幸いにも好評を得て刷を重ねてきた。本書はその全面的な改訂版であり，最新の研究成果や実践方法を加えたテキストである。もう1つは，今般「学習指導要領」が改訂されたこと，子どもを取り巻く状況の変化に伴う新たな課題の一端に答えるための構成である。

　本書は，わが国の生徒指導を最前線で支え，活躍されている諸先生，新進気鋭の諸先生に執筆いただいた。さらに深い学習を希望する場合には，各章末に掲げた参考図書を活用してほしい。本書のなかで展開されている「生きる力を育む」ことと，それに伴う課題や具体的な生徒指導の方法が，現在そして将来にわたって役立つことができれば幸いである。本書が，教師をめざす大学生や，児童生徒にかかわるすべての教職員，教育関係者などに読まれ，生徒指導の充実のための講義や研修に活用されることを期待している。

　最後に，本書の企画から出版にいたるまで多大なご厚意を寄せていただいた福村出版に，こころより感謝申し上げる次第である。

2018年3月

編者一同

目　次

まえがき　3

第1章　生徒指導の意義と課題 ——————————— 7
第1節　学校教育と生徒指導 ……………………………… 7
第2節　生徒指導の歴史的変遷 …………………………… 11
第3節　生徒指導の基本と課題 …………………………… 15

第2章　教育課程と生徒指導 ——————————— 20
第1節　生徒指導の2面性 ………………………………… 20
第2節　教育課程に果たす生徒指導の役割 ……………… 22
第3節　道徳教育と生徒指導 ……………………………… 26
第4節　「総合的な学習の時間」と生徒指導 …………… 27
第5節　「特別活動」と生徒指導 ………………………… 29

第3章　児童生徒理解 ————————————— 32
第1節　児童期の心理的特徴 ……………………………… 32
第2節　青年期の心理的特徴 ……………………………… 35
第3節　児童生徒理解の資料とその収集方法 …………… 36

第4章　生徒指導体制 ————————————— 44
第1節　生徒指導体制を整える …………………………… 44
第2節　生徒指導主事 ……………………………………… 47
第3節　年間指導計画 ……………………………………… 48
第4節　教員研修 …………………………………………… 49
第5節　指導要録 …………………………………………… 51
第6節　生徒指導体制の課題 ……………………………… 52
第7節　生徒指導の評価 …………………………………… 54

第5章　生徒指導の進め方 ————————————— 55
第1節　組織的対応 ………………………………………… 55

目次　5

第2節　生徒指導における教職員の役割 ・・・・・・・・・・・・・・・・・・・・・・・・・ 63
第3節　守秘義務と説明責任 ・・・・・・・・・・・・・・・・・・・・・・・・・・・・・・・・・・ 65

第6章　問題行動 —————————————————————— 67
第1節　問題行動のとらえ方 ・・・・・・・・・・・・・・・・・・・・・・・・・・・・・・・・ 67
第2節　問題行動の実態 ・・・・・・・・・・・・・・・・・・・・・・・・・・・・・・・・・・・・ 68
第3節　問題行動の早期発見の方法 ・・・・・・・・・・・・・・・・・・・・・・・・・・ 71
第4節　効果的な指導方法 ・・・・・・・・・・・・・・・・・・・・・・・・・・・・・・・・・・ 73
第5節　問題行動の予防策 ・・・・・・・・・・・・・・・・・・・・・・・・・・・・・・・・・・ 74

第7章　暴力行為 —————————————————————— 78
第1節　暴力行為とは ・・・・・・・・・・・・・・・・・・・・・・・・・・・・・・・・・・・・・・ 78
第2節　校内暴力 ・・ 81
第3節　家庭内暴力 ・・ 83
第4節　体罰 ・・ 85

第8章　いじめ —————————————————————— 89
第1節　いじめのとらえ方 ・・・・・・・・・・・・・・・・・・・・・・・・・・・・・・・・・・ 89
第2節　いじめ発生の背景 ・・・・・・・・・・・・・・・・・・・・・・・・・・・・・・・・・・ 91
第3節　いじめの予防 ・・・・・・・・・・・・・・・・・・・・・・・・・・・・・・・・・・・・・・ 93
第4節　いじめ問題発生時の対応 ・・・・・・・・・・・・・・・・・・・・・・・・・・・・ 95
第5節　インターネットを使ったいじめの発見と対応 ・・・・・・・・・・・ 97
第6節　教職員のいじめ防止に向けた具体的なポイント ・・・・・・・・・ 99

第9章　不登校 —————————————————————— 101
第1節　不登校の背景 ・・・・・・・・・・・・・・・・・・・・・・・・・・・・・・・・・・・・・・ 101
第2節　不登校の実態と態様 ・・・・・・・・・・・・・・・・・・・・・・・・・・・・・・・・ 102
第3節　不登校への対応と支援 ・・・・・・・・・・・・・・・・・・・・・・・・・・・・・・ 108
第4節　適応指導教室（教育支援センター）の活用 ・・・・・・・・・・・・・ 111

第10章　発達障害と特別支援教育 ————————————— 113
第1節　特別支援教育の概要 ・・・・・・・・・・・・・・・・・・・・・・・・・・・・・・・・ 113
第2節　通常の学校における特別支援教育 ・・・・・・・・・・・・・・・・・・・・ 115
第3節　発達障害 ・・ 116

第 4 節　発達の特性に合わせた生徒指導 ・・・・・・・・・・・・・・・・・・・・・・・・・・・・・ 121

第 5 節　特別支援教育と生徒指導 ・・・・・・・・・・・・・・・・・・・・・・・・・・・・・・・・・・・ 123

第 11 章　キャリア教育と進路指導 ———————————— 125

第 1 節　キャリア教育とは ・・ 125

第 2 節　進路指導 ・・ 131

第 3 節　キャリア教育に関連する事項 ・・・・・・・・・・・・・・・・・・・・・・・・・・・・・・ 132

第 12 章　教育相談 —————————————————— 136

第 1 節　教育相談とは ・・ 136

第 2 節　教育相談の進め方 ・・ 139

第 13 章　生徒指導における連携 ———————————— 148

第 1 節　「生きる力」を育むための連携・協働 ・・・・・・・・・・・・・・・・・・・・・・ 148

第 2 節　子どもの権利条約と子どもにやさしいまちづくり ・・・・・・・・ 150

第 3 節　学校と家庭，地域の連携・協働のあり方 ・・・・・・・・・・・・・・・・・・ 153

第 4 節　連携活動における関係機関の種類と役割 ・・・・・・・・・・・・・・・・・・ 157

第 14 章　学校安全の推進 ——————————————— 160

第 1 節　学校安全の意義 ・・ 160

第 2 節　学校を取り巻く安全課題 ・・・・・・・・・・・・・・・・・・・・・・・・・・・・・・・・・・・ 162

第 3 節　児童生徒を取り巻く危険 ・・・・・・・・・・・・・・・・・・・・・・・・・・・・・・・・・・・ 166

第 4 節　生徒指導における安全教育 ・・・・・・・・・・・・・・・・・・・・・・・・・・・・・・・・ 170

第 15 章　生徒指導に関する法制度 ———————————— 173

第 1 節　校則 ・・・ 173

第 2 節　懲戒と体罰 ・・・ 175

第 3 節　出席停止 ・・ 179

第 4 節　青少年の保護育成法令 ・・・・・・・・・・・・・・・・・・・・・・・・・・・・・・・・・・・・・ 181

第 5 節　少年法と非行少年の処遇 ・・・・・・・・・・・・・・・・・・・・・・・・・・・・・・・・・・・ 182

索引　185

第1章　生徒指導の意義と課題

第1節　学校教育と生徒指導

1　生徒指導のねらいと意義

（1）生徒指導のねらい

　学校教育は子どもたちの成長・発達にかかわり，さまざまな学びや活動をとおして，子どもたち一人ひとりの豊かな人間形成を促進し，支援するはたらきを担っている。学校教育のなかで，子どもたちは人類が生み出した文化や学問を学び，これからの社会を担う存在として成長していく。また，学校は子どもたちの生活の場であり，そこでのさまざまな活動や経験をとおして，それぞれの人格のよりよい発達をめざしている。

　生徒指導は，こうした人格の形成・発達に直接かかわるものであり，学校教育において学習指導とともに常に重視されてきた。

　学校が行う生徒指導は，家庭での子育てやしつけ，また地域社会における青少年の健全育成とは，その内容や方法などは異なる面があるが，子どもたちの豊かな人間形成をめざすという点では共通するものであり，相互に関係し補い合っている。

　生徒指導の基本書として，2010（平成22）年に文部科学省が出した「生徒指導提要」では，こうした学校教育や生徒指導のねらいに基づき，次のように生徒指導を定義し，説明している。

　　生徒指導とは，一人一人の児童生徒の人格を尊重し，個性の伸長を図りながら，社会的資質や行動力を高めることを目指して行われる教育活動のことです。すなわち，生徒指導は，すべての児童生徒のそれぞれの人格のよりよい発達を目指すとともに，学校生活がすべての児童生徒にとって有

意義で興味深く，充実したものになることを目指しています。生徒指導は学校の教育目標を達成する上で重要な機能を果たすものであり，学習指導と並んで学校教育において重要な意義を持つものと言えます。

（2）生徒指導の意義

学校生活を送った誰もが生徒指導を受けた経験をもっているが，その受け取り方は同じではないし，上記の定義や説明とは違ったイメージをもっている者も多いだろう。そこで，生徒指導を正しく理解する前提として，次の3つのことをまず整理しておきたい。

①生徒指導は，すべての児童生徒の健全な成長をめざすもので，問題行動への対応や一部の子どもを対象にした指導ではない。

②生徒指導は，小・中・高・特別支援学校のすべての学校で，それぞれの学校種別や学校段階，子どもの発達段階などに応じて，全教職員の連携協力により行われるものである。

③生徒指導と学習指導は，ともに学校教育の柱をなすものであり，両者は相互に関連しながら，学校生活の充実と児童生徒の健全な成長をめざしている。

これらの①〜③のとらえ方を前提に，生徒指導が子どもたちの人格の形成と社会的自己実現を図っていくための指導・援助であり，子どもたち一人ひとりがそれぞれの人生を切り開いていく「自己指導能力」の育成をめざしていることを理解することが重要である。

「自己指導能力」という概念は，生徒指導の目的を理解するうえでのキーワードであり，このことばは，「生徒指導提要」をはじめとする生徒指導の諸資料でも力説されている。学校生活はもとより，生涯にわたって自己の人生を切り開いくためには，子どもたちが主体性をもち，現在および将来を切り開いていく自己指導能力を高めることが必要である。この自己指導能力の育成は，学習指導をとおした「自己教育力」の育成と相まって，子どもたちの「生きる力」になっていく。

学校教育に携わる者には，生徒指導が一人ひとりの児童生徒の健全な成長を促し，児童生徒自ら現在および将来における自己実現と社会的自立を図ってい

くための自己指導能力の育成をめざすという積極的な意義を踏まえ，学校教育全体をとおして生徒指導を推進していくことが求められる。

2　学校教育における生徒指導の位置づけ

(1) 生徒指導のとらえ方

最も広い意味での生徒指導は，学校生活への適応指導，健康や安全に関する指導，道徳性や社会性の育成に関する指導，進路に関する指導（キャリア教育），そしてこれらにかかわる教育相談などを含むものといえる。これらの指導・援助を受けながら，学校生活のなかで児童生徒は安心して学び，生活しながら，人格形成と社会的自立に向けて成長・発達していく。

この広い意味での生徒指導は，学習指導とともに学校教育を構成し，両者は分かちがたく結びついている。この意味で，学習指導と生徒指導は，学校教育における車の両輪といわれることがある。

2017（平成29）年3月に，新しい小学校学習指導要領と中学校学習指導要領が告示されたが，その第1章「総則」でも，生徒指導を充実するために学習指導と関連づけることが示された意味は大きい。生徒指導を正しく理解するためには，学校教育の全体像のなかで，まず学習指導との関係を明らかすることが大事である。次に，この点について述べよう。

(2) 学習指導と生徒指導

学習指導と生徒指導は学校教育における車の両輪であり，相互に関連して学校教育の充実が図られるが，これを具体的に理解するためには，学習指導と生徒指導の違いを知ることも必要である。

学習指導は，一般的に各教科・科目で行われる教育活動であり，授業時数や授業内容が学校教育法施行規則や学習指導要領などに示され，各学校の教育課程内に一定の時間枠（授業時間割）として設けられている。

これに対して生徒指導は，各教科・科目のように教師がそれぞれの学問領域（分野・範囲）において専門性を発揮するのではなく，学校の教育活動全体をとおして，すべての教師が担っていく教育的な営みである。こうした生徒指導の特質から，生徒指導は機能（はたらき・作用）であるといわれる。

しかし両者は相互に関連していることも事実である。

たとえば、各教科の授業でも、学習態度や学ぶ際の規律など生徒指導面の指導が行われるし、それをとおしたよりよい学習環境の形成は、各教科の学習活動を活発化し、学習成果の向上につながる。

また、各教科・科目で行う学習指導の内容は、生徒指導の充実に深く結びついている。なかでも、道徳の時間（新学習指導要領では道徳科）や特別活動の果たす役割は大きいが、同時に、どの教科・科目の教育活動も生徒指導の充実にかかわっている。たとえば、健康・安全や生命に関する学習、人間関係や家庭生活に関する学習、社会生活や職業に関する学習、人間の生き方や人権に関する学習など、各教科の学習が生徒指導の充実に果たす役割は大きい。

21世紀の時代を生きる力を育むことが求められる現在、学習指導や生徒指導をとおして育成される自己教育力と自己指導能力を高めていくことは、子どもたちの「生きる力」を育むうえでますます重要になっている。

自己教育力を、自ら学び生涯にわたって自己を高めていく力とするなら、自己指導能力は自らを律し生涯にわたって自己を導いていく力ということもできる。2つの力は、まったく別々のものではなく重なり合い、子どもたちの人格形成と社会的自立に結びついていくのである。

図1-1は、これまで述べてきたことをイメージしやすいよう簡略に図にまとめたものである。この図がすべてを表しているわけではないが、学習指導と生徒指導の関連を理解する手がかりになるだろう。

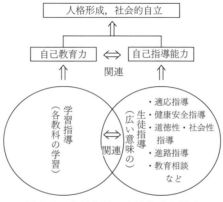

図1-1 学習指導と生徒指導の関連

第2節　生徒指導の歴史的変遷

1　生徒指導の登場

　生徒指導が，わが国の学校教育において重要な概念として登場し，定着したのは第二次世界大戦後である。戦後，新しい憲法のもと，学校教育も民主主義教育への転換が図られ，小学校と中学校が義務教育とされ，男女同権に基づく新たな学校教育が展開された。生徒指導もこの流れのなかで取り入れられた。

　それ以来，70年あまりが経過したが，この間，生徒指導の内容や方法なども変化してきた。その大まかな流れは次に述べるが，その際の資料として，表1-1に戦後の社会変化と生徒指導等の推移をまとめた。これを参考に，生徒指導の歴史的変遷を理解してほしい。

　「生徒指導」は，アメリカで発達した教育理論や方法である「ガイダンス」の訳語として取り入れられた。それは児童生徒の個性と人格の発達，自己実現への主体的な取り組みをうながす指導・援助をすすめる理論であり，文部省（当時）によって子どもたちへの指導・援助のあり方として全国に示された。そして，文部省は1965（昭和40）年に「生徒指導の手びき」を作成し，子どもの個性と主体性を尊重し，人格形成をめざす生徒指導の定着と推進を図った。

　他方，社会環境や生活環境が激しく変化する時代のなかで，集団や仲間づくりをとおして，子どもたちが生活全体のあり方を見直し豊かな人間形成をめざす「生活指導」という考え方も民間から提唱され広がった。

　当初，生徒指導が対象としていたのは，主に中学生・高校生の指導であった。とくに，戦後の混乱期のなかで少年非行は大きな問題であり，学校でも生徒の非行など問題行動への対応が重視された。この間，高校進学率が飛躍的に上昇し受験競争も過熱するなかで，生徒指導の対象や内容も拡大した。生徒指導の扱う問題は，授業態度や基本的な生活習慣など日常的な指導からはじまり，校内暴力や家庭内暴力，少年非行まで多岐にわたるようになった。こうしたなか，学校全体で生徒指導に組織的に取り組むため，1975（昭和50）年に学校教育法施行規則が改正され，中学校と高等学校に生徒指導主事が置かれることになった。

2　生徒指導の展開

　その後も社会は大きく変化し，生徒指導上の課題は広がり，多様化していった。非行など反社会的な問題行動だけでなく，学校生活や家庭生活に適応できなかったり，逃避的な行動に走ったりする状況も広くみられた。これらは，物質的に豊かな社会を背景に生まれた新たな問題であり，生徒指導上の問題の多様化，問題行動等の一般化（誰にでも起こる可能性）が強く意識されるようになった。

　さらに，こうした問題が低年齢化し，小学校においても生徒指導の必要性が意識されるようになった。そのため，1982（昭和57）年に文部省は小学校生徒指導資料1「児童の理解と指導」を出し，小学校段階での生徒指導の充実に取り組みだした。

　平成の時代になると，不登校（はじめは登校拒否と呼称，1998（平成10）年から不登校）なども増加の一途をたどり，また，いじめ問題や暴力行為も深刻な問題として浮かび上がった。また，小学校での学級崩壊なども問題視された。その後も生徒指導上の問題はより複雑化し，家庭における児童虐待の問題，若者の社会的自立の問題，さらに子どもたちが事故や犯罪の犠牲になったり，情報化の進展のなかで自分を見失う危険などがいっそう顕在化してきた。

　こうしたなか，生徒指導でもガイダンス的な指導だけでなく，子どもたちの不安や悩みに共感的なまなざしを向ける教育相談的な手法や，相談体制の充実が取り組まれた。さらに，保護者や地域・関係機関などとの連携による開かれた生徒指導の必要性も意識されてきた。

　ガイダンスの導入からはじまり，生徒指導資料の作成・普及，生徒指導主事の法制化，また教育相談的な手法と相談体制の推進，さらに保護者や地域・関係機関などとの連携による開かれた生徒指導の取り組みなど，さまざまな対応や取り組みが進められてきたのである。

　なお，これまで述べた歴史的経緯を踏まえ，現在でも，地域や学校段階（とくに小学校）によっては，「生徒指導」という用語でなく，「生活指導」や「児童生徒指導」などのことばを使っているところもある。しかし，どの用語にしても，児童生徒の豊かな人間性や社会性の育成をめざすことは共通であり，教育現場ではほとんど同じ意味で使われているといえる。

第1章　生徒指導の意義と課題　13

表 1-1　戦後の社会変化と生徒指導等の推移

元号（西暦）	社会状況等	問題行動等の状況	行政対応等
昭和20（1945）	・終戦	・浮浪児問題	
21			
22	・日本国憲法施行	・人身売買問題	・教育基本法，新少年法制定
23	・冷戦時代		・児童懲戒権の限界（法務庁）
24			・体罰禁止の教師心得（法務府）
25	・朝鮮戦争		・高校進学率43%
26	・サンフランシスコ講和条約	・少年非行第一のピーク	
27			
28	・テレビ開局		
29			
昭和30（1955）	・高度成長　・都市人口集中	・少年の自殺増加	・高校進学率50%超
31	・公害		
32			・暴力行為根絶の通知（文部省）
33			
34		・カミナリ族	
35	・所得倍増計画	・刃物事件多発	
36			・高校進学率60%超
37			
38		・生徒による非行増加	
39	・東京オリンピック　・新幹線	・少年非行第二のピーク	
昭和40（1965）	・過密，過疎		・生徒指導の手びき　・高校進学率70%超
41		・家出少年増加	・登校拒否（50日以上）調査開始
42	・中流意識　・核家族		
43			
44		・大学紛争，高校紛争の拡大	
45	・大阪万博	・少年非行低年齢化	・高校進学率80%超
46	・ドルショック	・性の逸脱行動　・シンナー乱用	
47	・沖縄返還		
48	・石油ショック		・高校進学率90%超
49		・遊び型非行　・対教師暴力	
昭和50（1975）			・生徒指導主事制度化
51	・ロッキード事件	・初発型非行の増加	
52		・落ちこぼれ問題	
53	・サラ金地獄	・ぐ犯少年増加　・家庭内暴力	
54	・ウォークマン		・生徒の問題行動の基礎資料
55	・老人問題	・校内暴力頻発	
56		・登校拒否増加傾向	
57	・消費者ローン	・横浜浮浪者殺傷事件	・校内暴力調査開始 ・小学校生徒指導資料
58	・テレビゲーム	・少年非行第三のピーク	
59		・いじめ事件　・登校拒否3万人超	・臨時教育審議会
昭和60（1985）	・バブル経済		・いじめ調査開始
61	・マネーブーム	・いじめによる自殺増加	

年			
62		・薬物乱用増加	
63			・校則の見直しについて
平成元 (1989)	・ベルリンの壁崩壊	・残虐ビデオ問題	
2	・バブル崩壊	・ダイヤルQ2問題	
3	・湾岸戦争	・高校生の非行増加	・登校拒否 (30日以上) 調査開始
4	・カード地獄	・登校拒否6万6000人超	・学校週5日制 (月1回) ・適応指導教室
5	・規制緩和 ・インターネット		
6		・いじめ事件, 自殺増加	・児童権利条約 ・いじめ通知
7	・阪神淡路大震災 ・地下鉄サリン事件	・登校拒否7万7000人超	・スクールカウンセラー配置
8			・いじめ問題への総合的取り組み
9	・神戸少年事件	・少年非行の凶悪, 粗暴化	
平成10 (1998)		・不登校10万人超	・中教審「心の教育」 ・問題行動等報告書
11	・携帯電話	・学級崩壊の論議	
12	・倒産拡大	・不登校13万人超 ・17歳の犯罪	
13	・同時テロ ・児童殺傷事件	・安全確保, 管理 ・引きこもり	・少年法改正 ・学校教育法改正
14		・出会い系サイト	・完全学校週5日制
15	・イラク戦争		・不登校報告書
16	・インド洋大津波	・小学生重大事件 ・ニート問題	・問題行動対策重点プログラム
17	・愛知万博	・中, 高校生の重大事件	
18	・北朝鮮核実験	・いじめ ・自殺問題	・教育基本法改正 ・いじめ対策
19	・年金問題	・不登校増加 ・ネットいじめ	・教育三法改正 ・全国学力テスト
平成20 (2008)	・金融危機	・暴力行為増加	・教育振興基本計画
21	・裁判員制度	・暴力行為激増	
22	・子ども手当 ・尖閣事件	・いじめ自殺 ・児童虐待事件	・生徒指導提要
23	・東日本大震災, 原発事故	・いじめ件数の増加, 安全問題	・防災教育, 安全教育の見直し
24	・領土紛争	・いじめ自殺事件 (大津) 強制捜査	・緊急いじめ調査
25	・2020東京五輪決定 ・スマホ普及	・体罰, 暴力問題	・いじめ防止対策推進法
26	・自然災害 ・イスラム国	・スマホ問題 ・高校同級生殺害	・地教行法改正 ・中教審答申 (道徳科)
27	・安保法制 ・難民問題	・いじめ問題 ・中学生殺害事件	・学校教育法改正 ・公選法改正
28	・熊本地震 ・トランプショック	・いじめ重大事態 ・貧困問題	・18歳選挙権施行
平成29 (2017)	・北朝鮮ミサイル問題	・小学校の問題行動等増加	・新学習指導要領 (小中) 告示

(注) 本表は, 『青少年白書』(内閣府), 『生徒指導上の諸問題の現状と文部科学省の施策について』(文部科学省), 『生徒指導資料第1集』(2003 国立教育政策研究所), 『現代用語の基礎知識 (1998年版別冊付録)』(自由国民社) などを参考に筆者が作成した。

第1章　生徒指導の意義と課題　15

第3節　生徒指導の基本と課題

1　新学習指導要領と生徒指導

2017(平成29)年3月，小学校と中学校の新しい学習指導要領が告示された。その第1章「総則」のなかで，生徒指導は，「第4 児童（生徒）の発達の支援」の1(2)に，次のように共通に記されている。

---

(2) 児童（生徒）が，自己の存在感を実感しながら，よりよい人間関係を形成し，有意義で充実した学校生活を送る中で，現在及び将来における自己実現を図っていくことができるよう，児童（生徒）理解を深め，学習指導と関連付けながら，生徒指導の充実を図ること。

※（　）の中は中学校の記述

小学校学習指導要領に「生徒指導」という用語が登場したのは，今回がはじめてである。生徒指導が，小・中・高を通じて共通に求められることをはっきり示したといえる。また，前述したように生徒指導と学習指導の関連も明確に示された。

ところで，この総則の第4に記述された各項目は，どれも生徒指導に深く関係する。上に示した第4の1(2)以外の記述は学習指導要領に直接当たってほしいが，第4の全体像をつかむため，その項目を以下にまとめる。

第4　児童（生徒）の発達の支援　　　※（　）の中は中学校の記述
　1　児童（生徒）の発達を支える指導の充実
　　(1) 学級経営，児童（生徒）の発達の支援
　　(2) 生徒指導の充実
　　(3) キャリア教育の充実
　　(4) 指導方法や指導体制の工夫改善など個に応じた指導の充実
　2　特別な配慮を必要とする児童（生徒）への指導
　　(1) 障害のある児童（生徒）などへの指導

(2) 海外から帰国した児童（生徒）や外国人の児童（生徒）の指導

(3) 不登校児童（生徒）への配慮

※ (4)（学齢を経過した者への配慮）※2 (4) は中学校のみ記述

　ここに記されていることは，「生徒指導提要」や生徒指導資料などですでに述べられていたことが多い。新学習指導要領を理解するためには，そうした生徒指導の考え方をもとに，生徒指導の基本と実践課題を知る必要がある。

　これまで述べてきたように，生徒指導は子どもたちの人格の形成・発達に直接かかわり，社会のなかで生涯にわたって自己実現を果たしていけるよう，児童生徒の自己指導能力の育成に努めることである。

　この目的を達成するためには，「教師の児童生徒理解の深化」「教師と児童生徒の信頼関係の構築」「教師〈教師集団〉による適切な指導・援助，相談活動」「児童生徒間の好ましい人間関係の形成」，そして，これらを基盤に「児童生徒の自己指導能力の育成」に努めることが必要である。ここにあげた事項は，いずれも生徒指導を理解するための基本であり，同時に，今後も取り組むべき実践課題である。

2　生徒指導の取り組みの基本と課題

（1）児童生徒理解の深化

　生徒指導でまず必要なことは，児童生徒一人ひとりの実態を把握すること，すなわち確かな児童生徒理解である。児童生徒理解を深めていくことは，児童生徒一人ひとりの内面に対する共感的理解と教育的愛情を高め，個に応じた適切な生徒指導を行ううえで不可欠である。児童生徒理解の深化は，生徒指導をすすめるうえでの基本であり，また，今後も変わらない課題である。

　一人ひとりの児童生徒は，それぞれ違った能力・適性，興味・関心などをもち，その生育環境やこれまでの成長の歩みも，将来の進路希望なども異なっている。また，児童生徒のなかには，学校生活への不適応感や不登校傾向を示す者もいるし，発達障害など特別の支援が求められる児童生徒もいる。

　教師は，多様な児童生徒がいることを前提に，児童生徒との人間的な触れ合い，きめ細かい観察や面接，保護者との対話を深め，一人ひとりの児童生徒を

客観的かつ総合的に理解していくことが必要である。また，他の教職員との情報交換や連携を深め，児童生徒の多面的な理解に努めることが大切である。

（2）教師の指導・助言，相談活動の充実

学校では，日々，さまざまな指導や助言が行われる。子どもたちが新しい環境や変化に適応し，成長していくためには，それぞれの学校段階や子どもの発達段階に応じた適切な指導・助言や援助が必要である。児童生徒が自ら考え判断し，主体的に行動していくよう，適切な情報提供や体験の場の設定など，学校全体でガイダンスの機能の充実を図ることが重要である。その際，日常における小さな問題からしっかりと指導・助言し，その行為の意味や，それがもたらす結果などをきちんと考えさせることが大切である。人として，してはならないことはいけないと諭し，事の是非をしっかりと理解させることは生徒指導の基本である。

また，成長発達の途上にある児童生徒は，学校生活のなかでさまざまな不安や悩みをもっている。教育相談には，きわめて高度な専門性が必要な場合もあるが，日常の児童生徒の不安や悩み，訴えに教職員が耳を傾けていくことは重要な教育相談の1つである。こうした観点から，学校内における相談の場や機会，専門家によるカウンセリングの機会を設けるなど，幅広い相談活動の推進が求められている。さまざまなレベルや状況に対応できる学校の相談体制は，児童生徒と保護者の心の支えになる。

新学習指導要領の総則の第4の1（1）では，学級経営の充実とともに，ガイダンスとカウンセリングの双方により児童生徒の発達を支援することが新たに示されている。これを推進することは，これからも重要な課題である。

また，生徒指導の基本の1つとして「教師と児童生徒の信頼関係の構築」があるが，児童生徒との信頼関係は，教師の児童生徒理解の深さと，教師の的確な指導・助言，温かな相談活動などの実践をとおして築かれるものである。

（3）豊かな人間関係をもった集団づくり

学級や学校での児童生徒相互の人間関係のあり方は，児童生徒の健全な成長に深くかかわっている。集団には多様な個性が存在し，さまざまな人間関係があり，ときに軋轢が生じることもある。それを乗り越えることで，豊かな人間関係も築かれていく。しかし，他者を無視したり否定したりするような人間関

係のなかでは，いじめなどが発生しやすい。排他的な集団やゆがんだ人間関係のなかでは，児童生徒の健全な成長・発達は期待できない。

　よりよい集団や人間関係を築くためには，児童生徒が自他の個性を尊重し，互いの身になって考え，相手のよさをみつけようと努める集団づくり，互いに協力し合い，主体的によりよい人間関係を形成していこうとする仲間づくりをすすめることが必要である。これは生徒指導の基本であり，また，きわめて重要な課題である。こうした取り組みをとおして，集団のなかで児童生徒の一人ひとりが存在感をもち，共感的な人間関係を育み，「心の居場所」としての集団がつくられていく。そのなかで，児童生徒はお互いの絆を深め，自己実現を図っていくことができるのである。

（4）自己指導能力の育成

　子どもたちは，変化する時代と社会のなかでさまざまな課題に直面し，それに立ち向かうことによりたくましく成長し，生涯をとおして自己実現をめざしていく。そのために求められる自己指導能力には，これまでの時代の子ども以上に広く柔軟で，かつたくましい力が要求されている。生徒指導においても，ガイダンスやカウンセリングのあり方を見直すとともに，多様性を認め生かす豊かな集団づくりを構築し，自己指導能力の育成に努めなければならない。

　また，グローバル化や情報化，科学技術の進展など，急速に社会が変化するなか，より広い視野からの社会認識や人間理解を深めていくことも必要である。

　各教科などでの学習指導が，子どもたち一人ひとりに生きて働く知識・技能，思考力・判断力・表現力など，学びに向かう力と人間性の育成に資する教育活動として自己教育力を高めるとともに，生徒指導の充実も視野に入れた自己指導能力を高める教育活動を展開することが求められている。その際，新学習指導要領総則の第4の1（3）（4）にあるキャリア教育の充実や個に応じた学習指導の充実についても，児童生徒の発達と成長を支えるものとして，生徒指導と関連して考えることが大事である。

3　今後の課題
（1）学校全体の力を結集した学校生徒指導の推進

　生徒指導の充実で何より大切なことは，各学校の教職員が生徒指導の意義や

基本を理解し，各々の役割をとおして生徒指導の質を高め実践することである。

　そのために，学級担任・ホームルーム担任はどのように学級・ホームルーム経営をすすめるか，各学年の教師集団はどのように連携・協働していくか，生徒指導部をはじめ各校務分掌はどのように連携・協働して学校の実践力を高めるか，各教科の教師はそれぞれの教科指導や教科外の指導（児童会・生徒会やクラブ・部活動など）をとおしてどのように生きる力を高めるか，校長や副校長・教頭などの管理職は学校全体としての組織力・教育力をどのように高めるか，それぞれの役割を改めて見直し，生徒指導の充実に向けて力を合わせていくことが必要である。

　生徒指導の主体は，最終的には学校・教職員である。各学校には，目の前にいる児童生徒への教育的愛情を根底に，学校全体の力を結集した学校生徒指導を推進していくことが求められる。

（2）開かれた生徒指導とチーム学校づくり

　上に述べた学校生徒指導の充実とともに，学校を超えた開かれた生徒指導の推進も必要である。生徒指導の充実のためには，それぞれの学校だけ，家庭や地域だけ，関係機関だけという個別の発想でなく，相互のネットワークを形成し，連携・協力を深めていくことが求められる。

　また，学校のなかにスクールカウンセラーやスクールソーシャルワーカー，安全指導員や学習支援員など，外部からの専門家も入れ，学校における生徒指導の幅と機能を広げることも重要である。その取り組みは，「チーム学校」づくりという新たな視点からの学校像の構築と重なる。生徒指導の充実も，学校・家庭・地域・関係機関などとの連携・協力をもとにした新たな学校像の構築という視点から取り組むべきである。そのために，国や教育委員会の果たす役割は大きい。

●参考文献
岩城孝次・森嶋昭伸（編著）　2008　生徒指導の新展開　ミネルヴァ書房
日本生徒指導学会（編著）　2015　現代生徒指導論　学事出版
文部科学省　2011　生徒指導提要　教育図書

第2章　教育課程と生徒指導

第1節　生徒指導の2面性

1　生徒指導に対する学生の認識

学校教育の目標は，児童生徒一人ひとりの能力や適正，興味や関心に即して，個人のもつ可能性を最大限に伸ばすとともに，発達段階に応じて自己実現を図ることのできる資質や能力，態度を育成することにある。これにかかわる重要な機能，つまり役割の1つが生徒指導である。しかしながら，学生の生徒指導への認識は思いのほかうすい。

（1）なぜ生徒指導を受けたという認識がうすいのか

大学の授業のなかで，「小学校から高校までの学校生活において生徒指導を受けた記憶がある人はいますか」という質問をしてみると，手をあげる学生はわずかである。ほとんどの学生が受けてないと答え，生徒指導を受けたと答えるのは一部の学生のみである。

生徒指導は，すべての児童生徒を対象としているので，いずれの学生も受けているはずである。それではなぜ学生の間には，生徒指導を受けてきたという認識がうすいのであろうか。

（2）生徒指導への認識がうすい理由

その理由としては，主に次の2つが予想される。1つは，生徒指導が指導内容ではなく教育機能，つまり役割であることによる。たとえば国語，数学，保健体育などは，すぐにその指導内容が思い浮かぶ。しかし，生徒指導の場合は，「生徒指導」の時間として内容がおさえられているわけではなく，教育活動すべてのなかに，機能つまり役割としてはたらいているからである。

もう1つは，生徒指導がいじめや非行，規則違反などの問題行動への指導という印象が強いことにある。もちろん，生徒指導は問題行動などへの対策など

消極的な面の指導を含む。しかし，生徒指導はすべての教育活動において児童生徒が自己実現を図ることを援助し，個々に応じて，学びを有意義なものとしていくという積極的な面での役割も担っている。したがって，教科以外の内容を指導するのが生徒指導と考えるのは誤りである。

2　生徒指導の機能

　生徒指導の機能，つまりすべての教育活動に果たす役割やはたらきは，主に次の3つといえよう。

(1) 児童生徒に自己決定の場を与える

　自分で考え，自分の意志で行動できる児童生徒を育成することは，児童生徒が自己実現を図ることへの第一歩である。また，指示待ちの児童生徒にしないためにも，個別的に自己決定の場を与えることが不可欠である。

　指示が多い傾向にある教師には，自己決定の場を与えることはできない。このことは，日常の指導の何気ないところでいつも教師に問われている。新採用であったにもかかわらず，学級経営がうまい教師がいた。遠足に電車で出かけた際，児童のグループの1つがドアの側にかたまっていた。途中の駅に着きそうなときに，この教師が児童に「駅が近いよー。乗客が待っているよ。どうしたらいいかなー」と語りかけた。ドアを離れるよう指示はしていない。状況を察知し，児童の自己決定をうながしただけである。こういうときに，生徒指導が機能する。

(2) 自己存在感を与える

　日々の学習のなかで，何かをできるようになったという喜びをもたせることは，児童生徒に学びの意欲をもたせる。とくに，皆の前でほめられると，いっそう自信をもち，自己の存在を強く意識するようになり，今求められている「生きる力」の1つの要素である「確かな学力」に必要な「学ぶ意欲」を育むことができる。

　このような自己存在感が，日々の学校生活へ向かう意欲の源となり，さまざまな活動へも仲間へも積極的にかかわっていくことに結びついていく。生徒指導の機能を理解する教師は，授業のみならず日ごろから，児童生徒を人前でほめ，個に応じた役割を与え，自己存在感を抱かせるのがうまいのである。

(3) 共感的な人間関係を基盤とする

　共感とは，相手の喜びや悲しみを理解することにとどまるのではない。児童生徒の喜びや悲しみを，教師自身がまったくそれと同じものとして感じることである。問題行動を起こした児童生徒は，反感を抱いている教師の忠告には，耳をかさないのである。ある児童が「私の将来の夢は先生」と書いた。その理由は，「T先生は，忙しく仕事をしていても，声をかけた私を見て話を聞いてくれた。そんな先生になりたいと思った」ということであった。ここに共感が存在する。

　共感的な人間関係は，児童生徒と教師および児童生徒同士にも求められる。共感的な人間関係を築いていくチャンスは，日常の指導のなかに隠されている。生徒指導のできる教師は，あらゆるチャンスを見逃さず，現在の生活に即して児童生徒間の人間関係を築き，指導に生かしていくのである。

第2節　教育課程に果たす生徒指導の役割

1　教育課程における生徒指導

　生徒指導は，児童生徒の学校生活全般において行われるものであるが，その中心となるのは教育課程におさえられている日々の授業である。

　教育課程と生徒指導の関係を理解するため，傘にたとえてみよう。布やビニルでできている雨を防ぐ面を教育課程とする。それに対して，面を支えている金属の柄や骨の部分を生徒指導と考えてみる。この柄や骨の部分が折れたり曲がったりして不具合になると，布やビニルの部分を正しく広げることができず，雨を防ぐという本来の役割を果たせないことになる。つまり教育が成立しないということである。

　このたとえのとおり，傘を支える役割としての生徒指導がうまく機能しなければ，雨を防ぐ面としての教育課程の充実を望むことはできない。それでは，布やビニルにたとえた教育課程とはどのようなものであろうか。

　教育課程とは，教育目標を達成するために，国の定める基準や教育委員会で定める規則などの示すところにしたがって，各学校において編成された教育計画である。簡単にいうと学習指導要領に示された各教科，特別の教科道徳，

第2章　教育課程と生徒指導　23

表 2-1　学習指導要領（小・中・高）に示されている教科等

【小学校】　　　　　　　　　　　　　　　（学校教育法施行規則）
　国語　社会　算数　理科　生活　音楽　図画工作　家庭　体育　外国語
　特別の教科道徳　外国語活動　総合的な学習の時間　特別活動
【中学校】
　国語　社会　数学　理科　音楽　美術　保健体育　技術・家庭　外国語
　特別の教科道徳　総合的な学習の時間　特別活動
【高等学校】
　国語　地理歴史　公民　数学　理科　保健体育　芸術　外国語　家庭
　情報　総合的な学習の時間　特別活動

外国語活動，総合的な学習の時間，特別活動と考えてよい（表2-1）。学校の教育目標の設定，指導内容の組織，授業時数の配当などが教育課程編成の基本的な要素となる。この教育課程の編成に当たるには全教職員の協力が必要であるが，その責任者は各学校の校長である。

　教育課程の中心となるのは教科などであるが，学校における教育活動は教科だけではない。教育課程に示された教科などはもちろん，日常の清掃活動，学校給食，校則指導，校門における登下校指導，部活動などの場においても行われている。生徒指導は，これらを含めた学校教育のすべての内容に機能としてはたらくものである。

2　教科における生徒指導
(1) 児童生徒に好かれる教師，嫌われる教師
　指導を受けるうえで，児童生徒がその教師を好きか嫌いかは，指導の充実をめざすことに大きな影響がある。

　児童生徒に好きな教師，嫌いな教師のタイプを質問したり，さまざまなアンケートの結果を読み比べると，ある傾向を読み取ることができる。やさしい，親しみやすい，一緒に遊んでくれるなどは，好きな教師の要因として小学校，中学校ともに常に上位にあげられる。

　しかしながら，学年が上に進むにしたがって，好きな教師の要因のなかに新たな項目が含まれてくる。それは，教師の人柄よりも授業に関しての内容である。教え方がうまい，指導が熱心，根気強く教えてくれるなどの回答が増えて

くる。このことは，児童生徒がわかる授業を切望していることを示している。学校生活のほとんどをしめるのは，教科の授業である。日々の生活で児童生徒は，授業がわかるという本質的な喜びを教師に求めている。嫌いな教師のタイプとして，教え方がよくない，独断的などの回答がみられるのは，このことを裏づけている。

　教師として児童生徒の学ぶ意欲をいっそうかき立てるには，たとえば個に応じた指導法，教材開発，発問や指示の構成などについて研究を深める必要がある。同時に，授業の充実を支える生徒指導について深く理解し，その機能を生かす力を身につけることが求められる。

（2）教科における指導と生徒指導

　日々の教科の指導において，わかる授業を実感させることは，教師に課せられた重要な責務である。このことが，児童生徒が意欲的に学習や生活に取り組み，生き生きとした学校生活を送ることにつながる。わかる授業が成立しているということは，同時に，教科の指導を支える生徒指導もうまく機能していることにほかならない。

　教科の指導と生徒指導とは相互に深くかかわり合っている。教科の指導のなかで生徒指導の機能を充実させることは，生徒指導上の課題を解決することにとどまらず，教科学習のねらいである学力向上にも有効に生かされていく。そしてこのことが，生徒指導のいっそうの充実につながっていく。生徒指導の充実と教科指導の充実とは，相互補充関係にあるといえる。それでは，生徒指導は教科の指導を具体的にどのように支えていくのだろうか。このことを，3つの生徒指導の機能の視点でみていこう。

①児童生徒に自己決定の場を与えるという視点から　より質の高い授業にしていくためには，児童生徒を学習に対して自ら目標や課題をもち，自ら考え，自ら判断し，自ら行動し，自己決定を繰り返しながら課題解決に向かわせる必要がある。一方的に課題を与えるのではなく，辛抱強く見守ることが求められる。しかし，辛抱強く見守るということは，何も指導をしないということではない。児童生徒の学習への取り組みが個に応じたものとなるよう，適時に援助のことばを与えることである。

　教師のひんぱんな口出しや手出しは自己決定の機会をうばってしまい，かえ

って児童生徒の学ぶ意欲を損ねてしまうことになる。誰にも中断されず，誰にも干渉されないで，自分なりのペースで自らの課題を乗り越えていくことは，とくに小学校高学年，中学校の児童生徒にとって大きな喜びである。

②自己存在感を与えるという視点から　自らが設定した課題を解決できたことほど，児童生徒にとってうれしいことはない。たとえば，算数や数学の時間に難解な問題を解ききったとき，音楽の時間にリコーダーで曲を吹ききったとき，体育や保健体育の時間に自己の記録を伸ばせたときなどに，児童生徒は自己の力や可能性を実感することができる。そして友だちからの賞賛を受けると，いっそう自身の可能性に自信をもつようになる。この自信が自己存在感を生み出し，自分の居場所をつくることにつながっていく。そして，明日の生活への意欲が生まれてくる。

　その際，課題解決への取り組みの過程で適切な助言を発しながら，辛抱強く寄り添い見守っていく教師の姿勢が生徒指導には求められる。活動過程における努力を励ますことば，やり遂げたときの賞賛のことばなどが，児童生徒の学級における居場所づくりを助けることとなる。「あの先生の一言が自分を変え，その後の人生をずっと支えてくれた」というような教師のかかわりが生徒指導では大切になる。

③共感的な人間関係を基盤とするという視点から　共感的な人間関係は，児童生徒と教師，そして児童生徒同士の間に求められる。たとえば，授業中に児童生徒がよそ見をしていたとき，それを一方的に叱るのではなく，「なぜ集中できないのだろう，自分の授業の展開がおもしろくないのかな」と，自身の授業のあり方を児童生徒のよそ見と関連づけて振り返ることが求められる。よそ見の原因を児童生徒にだけでなく，その矢印を教師自身に向けていくことが，一緒に努力し弱さを克服しようとする姿を児童生徒にみせることにつながる。このとき，児童生徒と教師の間に共感的な人間関係が生まれ，一緒に弱さを克服していこうとする姿勢が生まれてくる。

　授業において，皆のペースについて行けない児童生徒が存在する。その際，グループをつくって互いに教え合う共同的学びを展開していくような方法が考えられる。自分とは異なる友だちの発想や考えに刺激を受け，また，皆から励ましを受けることで学習への意欲を呼び戻すこともできる。仲間のおかげでで

表 2-2　教員採用試験の生徒指導に関する過去問例

問1　次の文中から生徒指導について正しく述べている文を3つ選べ。

（　）生徒指導は，すべての児童生徒を対象にするものである。

（　）生徒指導では，学習指導と進路指導を行えばよい。

（　）生徒指導は，統合的活動である。

（　）生徒指導は，青少年の非行や問題行動への対策に重点がある。

（　）個別指導を効果的に行うには教師と児童生徒との人間関係が大切である。

問2　次のうち妥当なものはどれか，2つ選べ。

（　）生徒指導は，全教師が協力して行うべきものである。

（　）生徒指導は，問題のある児童生徒のみを対象とする。

（　）生徒指導は，学級担任の教師のみが行うべきである。

（　）生徒指導は，現在の生活に即する必要はない。

（　）生徒指導は，個別的かつ発達的な教育を基礎とする。

きたとか，仲間の役に立てたとかの感覚が日常生活にも生きてくる。

第3節　道徳教育と生徒指導

1　道徳教育のねらい・内容と生徒指導

（1）道徳教育のねらい

「生きる力」の1つの要素である「豊かな人間性」の育成は，教育活動すべてにおいて行うとしても，道徳教育に負うところが大きい。道徳教育は，よりよく生きるための基盤となる道徳性を養うため，道徳的諸価値についての理解を求め，自己を見つめ，物事を広い視野から考え，人間としての生き方についての考えを深めることをねらいとする。そして，児童生徒の道徳的な判断力，心情，実践意欲と態度を育てていく。

道徳教育が道徳性の育成を直接的なねらいとしているのに対して，生徒指導は，児童生徒一人ひとりの日常的な生活場面における具体的な問題について指導することが多くなる。ここに相互補完的な役割がある。

（2）道徳教育の内容

道徳教育は，すべての教育活動を通じて行われていくものであるが，その要（かなめ）となるのが「特別の教科　道徳」である。この道徳科には，「A　主として自分自身に関するすること」「B　主として人との関わりに関すること」「C　主

として集団や社会との関わりに関すること」「D　主として生命や自然，崇高
なものとの関わりに関すること」の4つの項目が示されている。

　2017（平成29）年の学習指導要領の改訂では，児童生徒の発達段階および特
性などを考慮し，他内容との関連を踏まえつつ，情報モラルに関する内容を充
実することが新たに求められている。

2　道徳教育における生徒指導

(1) 自己決定の場を与える役割

　児童生徒が多様な価値としっかりと向き合い，多様な感じ方や考え方に接す
るなかで，考えを深め，判断し，表現することが求められている。その際，さ
まざまな価値観について多面的・多角的な視点から振り返り，さらに新しい見
方や考え方を生み出していくことが重要である。そのためには，自己決定の場
を十分に与える生徒指導の機能が生きてくる。

(2) 自己存在感を与える役割

　道徳科においては，児童生徒が自ら道徳性を養うなかで，自らを振り返って
成長を実感したり，これからの課題や目標を見つけたりすることができるよう
にすることが大切となる。自分の考えをもとに討論したり書いたりする活動を
支援するなかで，自己存在感を実感させる生徒指導が行われていく。

(3) 共感的な人間関係を基盤とする役割

　児童生徒が，多様な見方や考え方に接しながら，さらに新しい見方や考え方
をのびのびと皆の前で発表できるためには，学級のなかの共感的な人間関係が
基盤になければならない。またそれを支える教師の存在が重要である。児童生
徒が，人間としての弱さを認めながら，それを乗り越えてよりよく生きようと
する姿勢は，教師と児童生徒がともにある共感から生まれる。

第4節　「総合的な学習の時間」と生徒指導

1　「総合的な学習の時間」のねらい・内容と生徒指導

(1)「総合的な学習の時間」のねらい

この教科は，探究的な見方・考え方をはたらかせ，横断的・総合的な学習を

行うことをとおして，よりよく課題を解決し，自己の生き方を考えていくための資質・能力を育成することをねらいとしている。このことは，「生きる力」の1つの要素である「確かな学力」を育成することにつながる。

　具体的には，実社会や実生活のなかから問いを見出し，自分で課題を立て，情報を集め，整理・分析し，これまでの知識・技能を活用して，まとめ・表現できるようにすることにある。さらには，探究的な学習に主体的・協働的に取り組むとともに，互いのよさを生かしながら，積極的に社会に参画しようとする態度を育成することをねらいとしている。

(2)「総合的な学習の時間」の内容

　「総合的な学習の時間」においては，教科等の枠を越えた横断的・総合的な学習，探究的な学習となるよう充実を図ることが重要である。具体的には，たとえば，国際理解，情報，環境，福祉・健康などの現代的な課題に対応する横断的・総合的課題，地域や学校の特色に応じた課題，児童生徒の興味・関心に基づく課題，職業や自己の将来に関する課題などが考えられる。これらは，一人ひとりの児童生徒の人格を尊重し，個性の伸長を図り，社会的資質や行動力を高めることをめざす生徒指導がなされてはじめて生じてくる課題でもある。

2　総合的な学習の時間における生徒指導

(1) 自己決定の場を与える役割

　教育課程のなかで，児童生徒自身の意思で学習内容を決定できるのは，この「総合的な学習の時間」と「特別活動」だけである。ということは，この2つの領域の指導では，自己決定をうながす場としての生徒指導の役割が生かされる機会が多いということである。課題選択，課題追求，課題のまとめ表現，この各段階において，児童生徒に迷いや停滞が生じる。このときこそ，自己決定が大事と児童生徒を突き放すのではなく，個に寄り添った適切な援助が生徒指導に求められる。

(2) 自己存在感を与える役割

　総合的な学習の時間において自己の生き方を考えることは，人や社会，自然とのかかわりにおいて自らの生活や行動について考えることにほかならない。また，自分にとって学ぶことの意味や価値を考えていくことは，現在と未来を

これからの自己の生き方につなげていくことになる。自己の存在をじっくりと確かめていくことに、生徒指導の役割がかぶさってくる。

(3) 共感的な人間関係を基盤とする役割

探究的な学習の過程においては、他者と協働して課題を解決しようとする学習活動が望まれる。グループ学習や異年齢集団によるなど多様な学習形態が期待されるが、その際、基盤となるのは児童生徒間の共感的な人間関係である。地域の人々の協力と全教職員が一丸となって指導に当たることが求められる。生徒指導の役割を共通理解していく必要がある。

第5節 「特別活動」と生徒指導

1 「特別活動」のねらいと内容

(1) 特別活動のねらい

特別活動は、さまざまな集団の活動に自主的、実践的に取り組み、互いのよさや可能性を発揮しながら、集団や自己の生活上の課題を解決していく過程で、児童相互のよりよい関係を築いていく学びである。集団活動を通すなかで学ぶことから「なすことによって学ぶ」教育といわれる。

一方では、好ましい人間関係を基盤として、児童生徒に対して日常生活を営むうえでの必要な行動の仕方やあり方を追求する態度を指導することから、生徒指導の充実、深化を直接的に図るねらいをもっている。

(2) 特別活動の内容

特別活動には、児童生徒の思いや発意、自治的な面を重視する自発的・自治的な活動と、自主的な活動は大切にしながら教師が意図的・計画的に展開させる活動がある（表2-3）。

また、活動の範囲も学級を単位とするものと学級を離れて学年や全校を単位とするものがある。活動の特質や形態によって、生徒指導の指導のあり方は変わってくるが、全教師が協力して行うものである。

2 特別活動における生徒指導

生徒指導の機能としての3つの役割からみると、特別活動がもつ役割と生徒

表 2-3　特別活動における内容の特質と集団の分類

	主に学級での活動と指導	異年齢の活動と指導
自発的・自治的な活動	学級活動 (1)	クラブ活動
	ホームルーム活動 (1)	児童会・生徒会活動
意図的・計画的な活動	学級活動 (2), (3)	学校行事
	ホームルーム活動 (2), (3)	

(※中・高の部活動は教育課程には含まれない)

指導がもつ役割とには，互いに重なる部分が多い。

(1) 自己決定の場を与える役割

　表2-3の学級活動 (1)，児童会・生徒会活動，クラブ活動などは，自発的，自治的活動であるところに特質がある。活動の内容も選択も活動の過程で生じる課題解決も仲間と協力しながら，自らが決定していける喜びがある。

　学級活動 (2) と (3) の活動においては，児童生徒は日常生活を営むうえで必要な行動の仕方や望ましいあり方・生き方を追求する自己決定に追い込まれていく。また，自己の個性や学習の成果を生かす進路を自らの意志と責任で考え，選択していく能力を身につけていく。これらの内容は，生徒指導のすべての機能を充実，深化させるという重要なる役割をもつ。

(2) 自己存在感を与える役割

　特別活動における生徒指導においては，他者とのかかわりのなかで自己存在感を与えることに重点が置かれる。何かをできるようになったという喜びをもたせることは，「生きる力」を支える要素の「学ぶ意欲」を児童生徒に与える。そのなかでも，とくに「友だちのためにがんばった」「私がいたからできた」「みんなのために役立つことができた」など，他者とのかかわりにおける喜びをもたせることに特別活動と生徒指導は重点を置く。

(3) 共感的な人間関係を基盤とする役割

　共感的な人間関係は，教師と児童生徒，児童生徒相互の間に存在する。この共感的な人間関係は，教師のことばのみで育まれるものではない。教師との共感的な関係は日常の生活のなかで，児童生徒間の共感的な関係は，共通の目標を追求する集団の活動のなかで育まれる。特別活動は，集団活動を基本とするため，児童生徒相互の協力なしには目標を達成することはできない。役割を分

担し，互いの活動を応援し合い，活動の成果をともに喜ぶなかで，生徒指導が役割を果たし，共感的な人間関係がつくられていくのである。

●参考文献
文部科学省　2011　生徒指導提要　教育図書

第3章　児童生徒理解

第1節　児童期の心理的特徴

1　発達とは何か

「小学3年生の弟は，昨年卒業した姉と比べるとことばの発達が遅いのではないか」「祖母は，昔と比べて今の子どもたちは発達が早いようだと言う」など，「発達」ということばは，未熟から成熟へいたるまでのプロセスをさすような使い方をすることが多い。しかし，近年では発達を変化のプロセスとしてとらえて，さまざまな発達モデルが構築されている。図3-1は，やまだようこが整理した生涯発達の6つのモデルを示している。このなかでも成長モデルや熟達モデル，成熟モデルは，発達のゴールとしてプラスの価値を想定し，それに近づくことを発達とみなしている。一方，両行モデルは，プラスとマイナスの2つの価値からとらえている。このモデルに基づいて児童生徒理解を考えると，児童生徒理解とは，子どもの変化を一次元的にではなく，多次元的に解釈することであるといえる。過程モデル，円環モデルは生涯を通じて展開するプロセスとして発達を示している。これらの立場から児童生徒理解を考えると，そのときそのときの状況に子どもがどのように適応しながら変化していくかを理解するということになる。バルテスによれば，発達とは「人の受胎から死にいたるまで，生涯を通じての行動の恒常性と変化」なのである。

2　児童期の発達

児童期とは，主に小学生の時期である。小学校に就学する前の時期を幼児期といい，中学校や高等学校，大学生ごろまでの時期を青年期とよんでいる。思春期は，性的成熟が始まり，完了するころまでの時期をさしている。これらの時期には，児童生徒による暴力，いじめなどが多数発生しており，自己のコン

モデル名	イメージ	価値	モデルの特徴	発達のゴール	重要な次元	おもな理論家
A. 成長	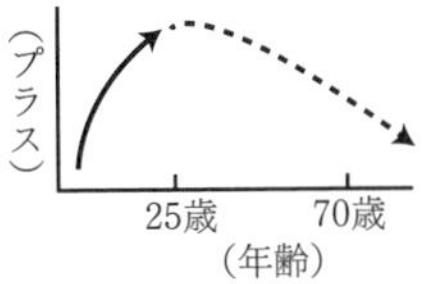 （プラス）25歳　70歳（年齢）	考える	子どもからおとなになるまでの獲得, 成長を考える。成人発達の可塑性を考えない。	おとな均衡化獲得	身体知能行動	ピアジェフロイトウェルナーワロン
B. 熟達	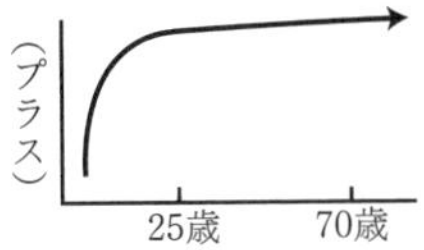 （プラス）25歳　70歳	考える	以前の機能が基礎になり, 生涯を通して発達しつづける安定性と一貫性を重視する。	熟達安定	有能さ力内的作業モデル	バルテスボウルビィ
C. 成熟	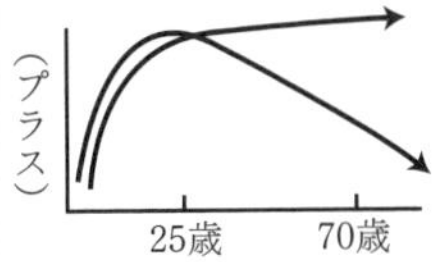 （プラス）25歳　70歳	考える	複数の機能を同時に考える。ある機能を喪失し, 別の機能が成熟すると考える。	成熟知恵統合	有能さ徳	バルテスエリクソンレヴィンソン
D. 両行	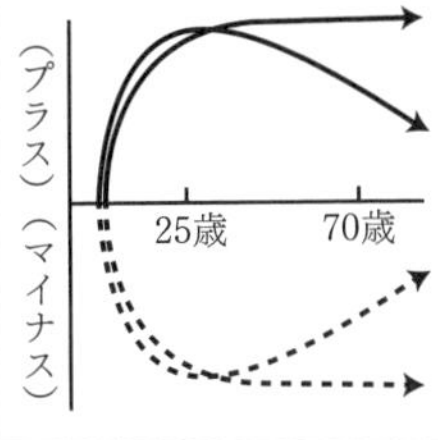 （プラス）（マイナス）25歳　70歳	考える	複数の機能を同時に考える。ある観点からみるとプラスであり別の観点からみるとマイナスとみなす。	特定できない個性化両性具有	両価値変化プロセス意味	（ユング）
E. 過程	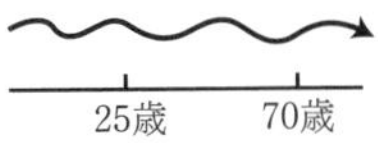 25歳　70歳	考えない	人生行路（コース）や役割や経歴（キャリア）の年齢や出来事による変化過程を考える。	考えない	エイジング社会的役割人生イベント	ハヴィガーストエルダー
F. 円環	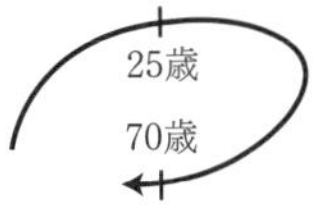 25歳　70歳	考えない	回帰や折り返しを考える。もとへもどる, 帰還による完成。	「無」にもどる完成	意味回帰	

図 3-1　生涯発達の6つのモデル

（出典：無藤隆・やまだようこ〔編〕　1995　生涯発達心理学とは何か　金子書房）

トロールができずにキレやすい子どもが増えていることが指摘されている。ここからは，児童期，青年期の児童生徒の指導に必要な事柄を示すことにする。

（1）知的能力の発達

ピアジェによると，児童期における知的能力の発達は，論理的思考の抽象化の違いから具体的操作期，形式的操作期に分けることができる。学校では，直接体験ではなく授業をとおして新しい知識や概念を習得したり，論理的に問題を解決したり，さまざまな事象を推測する能力を身につけていく。

（2）自己に関する発達

幼児の自己概念，すなわち自分に関する説明は，身体的特徴，持ち物，行動といった他者から観察可能な具体的特徴が中心である。それが小学生になると，児童の自己に関する理解に変化が生まれ，その変化は，たとえば身体的特徴に関する記述が減少し，能力評価や勤勉性に関する記述が増加するといったことから読み取れる。「バイオリンを弾く」ではなく，「バイオリンが得意」「この曲を弾くのは難しい」といった「できること」「できないこと」についての記述することが増える。さらに小学校中学年になると，「明るい」「暗い」といった外向的パーソナリティ特性を記述するようになる。

（3）自己制御の発達

幼稚園や保育所などで同年代の子どもたちと接するようになると，自分の意志を思い通りに貫くのが難しくなってくる経験から，自分を抑えることができるようになる。すなわち，自分自身の行動をコントロールする力を身につけるようになる。これを自己制御という。自己制御には2つのはたらきがあり，1つは自分にとっていやなこと，異なる意見をはっきり言えるなどの自己主張的な側面と，規則をしっかり守る，悔しいことや悲しいことに感情を爆発させないなど，自分の意志や感情を抑える自己抑制的側面がある。この自己制御の発達は，幼児期や小学校低学年から始まり，小学校高学年から中学校ぐらいまでには，ほぼ安定したレベルに達するといわれる。しかし，この自己制御の発達は個人差が大きく，児童生徒の問題行動の多くは自己制御が十分でないことがその背後にあることが明らかになっている。「小1プロブレム」とは，小学校に入学したばかりの児童が落ち着いて教師の話を聞けない，教室を歩き回って授業が成り立たないなどの問題の総称である。これらの問題は家庭内のしつけ

や環境の変化だけでなく，児童の知的能力という発達的観点から理解すること
も重要である。

（4）道徳性の発達

　授業中にクラスの友だちが困っているとき，その友だちを助けてあげたり，
電車で高齢者に座席を譲ったりする道徳的行為が自発的に行われるようになる
かどうかは，児童生徒の道徳性の発達にかかっている。しかし，道徳性は生ま
れながらに身についているものではなく，体験を通じて学び，形成されていく
ものである。小学校高学年になると，相手の立場に立って思いやる共感能力も
備わってくる。しかし，この時期の児童は理想主義的な価値観をもつ傾向が強
く，自分の価値基準にこだわりがちである。そして，自律的な態度も備わって
いくので，自分の行動を自分自身で決定しようとする。このような時期に，教
師はどのようなはたらきかけや配慮をすべきだろうか。指導に当たっては，自
己に対する肯定的なとらえ方をうながし，道徳的価値の自覚を深めるような指
導を工夫する必要がある。

（5）仲間関係の発達

　小学校低学年では，同じクラスの遊び仲間が友だちとしてとらえられている
が，中学年以降になると，同性で同年齢の仲間が集まって，自発的に仲間集団
を形成するようになる。この仲間集団は女子よりは男子に特徴的で，メンバー
間の結束が強く，皆で集まって一緒に遊ぶことを好む。高学年になると，特定
の友だちと親密なかかわりをもつようになり，親友という存在ができ，お互い
の考えや気持ちを共有し合う関係を築くようになる。仲間とのコミュニケーシ
ョンには男女差がみられ，女子の方が友人集団のサイズが小さくなりがちで，
集団内の親密性や集団外への排他性が高まる。このような集団が他集団と衝突
すると，いじめが生じることになりかねない。

第2節　青年期の心理的特徴

1　青年期の発達

　青年期は，主に中学校から高等学校の時期をさしている。この時期のはじめ
には男女とも性的成熟が始まり，身長や体重が急激に増加し，男子は精通，女

子は初潮を迎える。これは第二次性徴とよばれ，子どもからおとなへの変化を感じる繊細な時期といえる。自分自身の明らかな変化は自分への意識を高めることになり，見た目や言動，能力だけでなくパーソナリティや価値観など，内的な側面にも関心をもつようになる。

　このような発達的変化のすべてが，同じ時期に生じるわけではない。小学校高学年から始まる子どももいれば，中学生になっても身体的な変化がみられない子どももいる。そして，小学校から中学校への時期と重なるように発達的な変化が起こり，環境の変化に自分自身の変化が重なりやすいことが，青年期問題行動の増加にかかわっているのではないだろうか。「中1ギャップ」とよばれるように，この時期にさまざまな問題行動の芽を生んでしまいかねないので，しっかりと児童生徒を観察しておくことが肝要である。

2　自我同一性の萌芽

　青年期は「自分が何者なのか」について問い続け，それに対する一定の答えを出す時期である。これを自我同一性（アイデンティティ）とよんでいる。エリクソンは，青年期の発達課題を「同一性対同一性拡散」としている。中学校，高等学校の時期では，自我同一性を確立することが最重要課題であるといわれている。

第3節　児童生徒理解の資料とその収集方法

1　なぜ資料収集するのか

　教師は児童生徒に関するさまざまな情報を集めることによって，より客観的で的確な児童生徒理解を行うことができる。昨今では個人情報保護の観点から，学校も児童生徒に関する資料の集め方やその取り扱いに慎重にならざるをえなくなっている。しかし，児童生徒自身が自己指導能力を備え，自らの自己実現をめざすよう指導するためには，かれらをさまざまな視点からより深く理解する必要がある。そのためには，児童生徒自身だけでなく，かれらの交友関係，家族とのかかわりなど，環境的側面について多面的かつ継続的に資料を収集し，整理することが求められる。

2　どのような資料を収集するのか

　生徒指導においては，従来から児童生徒の3つの側面を把握することが求められてきた。1つは知能，学力などの能力面，2つには性格，興味関心，欲求や悩みなどの心理面，3つには家庭環境などの環境面である。また，睡眠時間や朝食の摂取の有無などの基本的生活習慣，家庭や学校，地域におけるさまざまな人たちとの関係，ゲームやスマートフォンなどのデジタル機器などへの接触頻度，日常的な自然とのかかわり，ボランティア活動などの有無など，学校だけではとらえきれない児童生徒の側面を多面的に把握することも必要であろう。これらの情報を絞り込んでいくことで，よりよい児童生徒理解につなげていくことができるのである。

3　資料収集の方法

　資料収集には，大きく分けて2通りの方法がある。1つは児童生徒から直接必要な情報を収集する方法，もう1つは他の教師，養護教諭，保護者，スクールカウンセラー，地域，医師，警察官などの連携先から間接的に情報を収集する方法である。目的に応じて適切な収集方法を選択することが重要であり，不適切な方法で得られた資料では児童生徒を十分に理解し，よりよい生徒指導につなげていくことが難しくなる。資料を収集する際には，複数の方法を用いて多面的かつ総合的に判断するように心がけることが必要であろう。

　表3-1は，児童生徒や保護者などから直接的，間接的に資料を収集する方法をまとめたものである。

（1）観察法

　観察法は，児童生徒の心身の健康状態を理解することを目的とする身近で即時的に実施できる方法である。この方法のメリットは，対象となる児童生徒を日常的な自然のままの状態で観察し，資料を得ることができる点である。一日のなかでは，授業中の態度や発言などの言動はもちろんのこと，朝の会での健康状態の確認や登校時，昼休み，清掃活動，特別活動，部活動，そして下校時の時点での様子をつぶさに観察することができる。また，学期や年度のなかでは，運動会や遠足，修学旅行などのさまざまな行事，始業式や終業式などの節目節目での様子などを制約なく観察することが可能である。

表 3-1 さまざまな資料収集の方法

方　法	内　容	備　考
1　観察法	自然観察 日常のありのままを観察する。	補助手段として イ　場所見本法 ロ　時間見本法 ハ　評定尺度法 ニ　逸話記録法
2　面接法	面接者と被面接者とが口頭による質問応答により問題を理解する。	イ　調査面接法 ロ　相談面接法 ハ　集団面接法
3　質問紙法	教師が知りたいことを質問形式で作成して実施する。	形式 イ　自由回答法 ロ　制限回答法 ハ　多肢選択法
4　検査法	①知能検査 標準化された既成の検査を用いて知的能力を測定する。	イ　個別式検査　　知能の表示法 　a）ビネー式　　知能指数 　b）ウェクスラー式 ロ　集団式検査　　知能の表示法 　A式　　　　　　知能偏差値 　B式
	②パーソナリティ検査 既成の検査を用いる。	イ　質問紙法 　矢田部・ギルフォード性格検査 　MMPI ロ　作業検査法 　内田クレペリン精神作業検査 ハ　投影法 　ロールシャッハ・テスト，TAT, CAT, P-F スタディ等 　高度の専門的知識と技術を要する
	③描画による検査 知的能力，性格，人間関係等を描画から読みとる。 専門的知識必要。	イ　人物画法 ロ　HTP ハ　バウムテスト ニ　家族画テスト
	④人間関係を理解する検査 集団でも個別でも実施可能。	イ　SCT ロ　ソシオメトリック・テスト ハ　ゲス・フー・テスト ニ　家族関係診断テスト
5　事例研究法	教師，心理学者，医師，ケースワーカー，養護教諭などの構成メンバーで問題行動を多角的に理解し，指導方法などを検討し，指導につなげる。	ケースにより月2回事例研究会を開くなど，長期にわたることが多い。

（出典：楠本恭久（編著）　1999　生徒指導論12講　福村出版　より一部変更）

観察する際は，次のような客観的な手続きに則った観察法を活用することが望ましい。いずれの方法も，客観的な資料のためには2人以上で観察し，観察内容が異なるときは話し合って見解を統一させることが望ましい。

①場所見本法　観察する場所を一定にして，継続的に観察する方法である。たとえば，校内では休み時間での教室，放課後の自由時間での校庭，クラブ活動での体育館など，校外では遠足の公園，修学旅行先のアミューズメント施設などで観察することが可能である。

②時間見本法　観察する時間を一定に区切って，行動を観察する方法である。区切った時間内にどのような行動を観察するか，事前に項目立てしておくことが望ましい。たとえば，5分間に仲のよい友だちに話しかけた回数をチェックして，その頻度を記録するなどである。時間見本法は，場所見本法と組み合わせて行うとより有効である。

③評定尺度法　観察しようとする行動や特性について，あらかじめ3～5段階の等間隔の尺度を作成し，観察状況に沿って評定する方法である。たとえば，授業中の私語について，あらかじめ「1. まったくない」「2. あまりしない」「3. ときどきする」「4. よくする」「5. いつもする」のように選択肢を設定しておき，該当する回答をチェックする。

④逸話記録法　エピソードとなるような行動を観察し，記録するものである。たまたま起こった行動の場合もあるので，一度きりの行動をそのまま個人に特徴的な行動であると決めつけないように留意する必要がある。記録する際には，その個人の行動だけでなく，周囲で起こっている状況や行動が生じた経緯など，前後関係もあわせて記録しておくとよい。

（2）面接法

面接法は，児童生徒と対面コミュニケーションをとり，かれらの知識や要求，考えや悩み，そしてパーソナリティなどについての資料を収集する方法である。面接法には調査面接法，相談面接法，集団面接法がある。面接を行う際には，面接者と被面接者との間にラポール（両者に築かれる親密な信頼関係のこと，心が通い合った状態）を形成しておく必要がある。

①調査面接法　児童生徒の行動の原因を理解する目的で行うため，不適応行動を示す子どもに対して実施することが多い。あらかじめ質問項目を用意してお

き，口頭で質問し反応を引き出していく。

②相談面接法　児童生徒が自らの問題を意識して，自発的に相談にくる場合をいう。自発性を伴う相談は，面接する側と受ける側がともに問題をよく理解できるため，指導援助も効果的かつスムーズに行われることが多い。教育相談とよばれるものがこれにあたる。

③集団面接法　一定のテーマに沿って，5～6名の集団で行う面接法である。リラックスした，発言しやすい雰囲気のなかで実施することが望ましい。メンバー相互が，それぞれの考え方や相違点を理解でき，自発的な問題解決に向かうことができる。

（3）検査法

　標準化された心理検査を用いて，児童生徒の能力や性格，障害など，個人の特性や状態を把握することを目的とした方法である。知能検査や人格検査，学力検査，集団内の力動的な人間関係を測定する検査などが作成されている（表3-2）。「標準化」とは，その検査で「何を測定しているか」が明確で，「測定結果が安定しているか」がチェックされ，実施の手順や採点の仕方が厳密に決められているものである。言い換えると，心理検査は妥当性と信頼性が確認されている尺度である。

　検査法は，実施結果が標準化された数値で示されるため，数値の大小をもとに児童生徒の相対的位置や問題状況をより客観的に把握することができる。ただし，検査の実施や結果の分析，つまり得られた資料の解釈には訓練が必要な場合や，臨床心理士などの専門家による実施が望ましい場合がある。

①知能検査　知能検査は，児童生徒の知的能力の特徴を理解し，一人ひとりに適した学習方法に生かすために用いられる。実施の方法によって個別検査，集団検査に分けられる。前者は検査者と被検査者が1対1で行うもの，後者は多数の被検査者に対して一度に行うものである。

a　**個別式知能検査**　1対1で行うため，精密な知能測定が可能な反面，実施に時間を要したり，検査者が実施に慣れ熟練している必要がある。

　知能検査は，1905年にフランスのビネーとシモンにより考案されたものがはじまりである。その後，アメリカではターマンらによって，スタンフォード・ビネー式知能検査が開発された。ビネー式の知能検査では，検査結果を

第3章　児童生徒理解　41

表 3-2　さまざまな心理検査

測定対象	個別検査	集団検査
知　能	WPPSI 知能検査 WISC-Ⅲ知能検査 WAIS-R 成人知能検査 田中・ビネー知能検査 鈴木・ビネー式知能検査	田中 A-2 式知能検査 新制田中 B 式知能検査 京大 NX 知能検査 教研式新学年別知能検査
発　達	遠城寺式乳幼児分析的発達検査 乳幼児精神発達診断検査 K 式発達検査	
性　格 （パーソナ リティ）	ロールシャッハ・テスト 絵画統覚検査（TAT，CAT） バウム・テスト 　　（以上投影法）	矢田部・ギルフォード（YG）性格検査 本明・ギルフォード性格検査 東大総合性格検査，EPPS 性格検査 MMPI 新日本版 　　（以上質問紙法） 文章完成テスト（SCT） P-F スタディ（絵画欲求不満テスト） 　　（以上投影法） 内田クレペリン精神作業検査 　　（作業検査法）
適　性	労働省編一般職業適性検査	教研式職業興味・志望診断検査 VPI 職業興味検査 APP 事故傾向検査
学　力		学研式標準学力調査（小・中各学年別） 教研式診断的学力検査（小・中各学年別）

（出典：菊池武剋（編著）　2000　生徒理解の心理学　福村出版　より一部変更）

知能指数（IQ）で数値化している。知能指数とは，精神年齢を生活年齢（実年齢）で割り，それに 100 をかけたものである。生活年齢よりも精神年齢が高いと知能指数は 100 を超える。たとえば，生活年齢 10 歳（120 カ月）の子どもが 12 歳（144 カ月）までの問題を解けた場合，IQ=（144 ／120）×100=120 となる。このように，ビネー式知能検査の結果では，知能指数によって知的能力全体を把握することができる。後に日本でも標準化され，鈴木ビネー式知能検査，田中ビネー式知能検査として広く普及している。

　ウェクスラー式知能検査は，個人の知的能力の特徴を診断的にとらえることができ，1939 年にウェクスラーによって開発された。ウェクスラー式知能検査は，大きく言語性検査と動作性検査に分かれており，それぞれ複数の下位検査から構成されている。検査結果は各下位検査をもとにプロフィール化され，知的能力の特徴が示される。日本では，対象年齢によって WAIS（成人用），

表 3-3　WISC-IV の構成

言語理解 (VCI)	知覚推理 (PRI)	ワーキング メモリー (WMI)	処理速度 (PSI)
類似	積木模様	数唱	符号
単語	絵の概念	語音整列	記号探し
理解	行列推理	算数＊	絵の抹消＊
知識＊	絵の完成＊		
語の推理＊			

＊補助検査

(出典：日本文化科学社ホームページ)

WISC（児童用），WPPSI（幼児用）が標準化されている。児童用の最新版 WISC-Ⅳの構成は，表 3-3 のとおりである。最新版では，4 つの指標得点と全検査 IQ を算出する。全検査 IQ は，補助検査を除く 10 の下位検査を合計して算出する。

b　集団式知能検査　個別式知能検査よりも短時間で実施できるが，集団で実施するため個人の実情に合わなかったり，誤差が大きいなどの難点もある。アメリカ軍隊テスト a 式（言語性検査），β式（非言語性検査）が，現在の A 式，B 式に発展している。

②**パーソナリティ検査**　児童生徒の日常行動は，まさに十人十色である。人なつっこくて親しみやすい者，理屈っぽくて近寄りがたい者，物静かだが洞察力に優れた者のように，個人に特有の習慣的な行動傾向をパーソナリティとよぶ。児童生徒のパーソナリティを客観的に理解することは，指導上大切である。パーソナリティ検査は，テスト形式によって質問紙法，作業法，投影法などに分類される。

a　質問紙法　質問紙法は，パーソナリティに関するさまざまな質問項目から構成されている。得られた回答から，パーソナリティ傾向を解釈する。実施が簡単で比較的短時間に回答でき，誰にでも実施できるメリットがある。ただし，回答者が自分にとって望ましいように回答を操作してしまうことがある。矢田部・ギルフォード性格検査（YG性格検査），MMPI（ミネソタ多面的人格目録）などがこれにあたる。

b　作業検査法　加算作業や図形の模写，積み木の組み立てなど，比較的単純な作業を実施し，一定期間内の作業量やその変化，作業内容から，課題取り組みに対する態度やパーソナリティを理解しようとする検査である。内田クレペリン精神作業検査は，作業検査法の代表的なものである。ランダムに配列した 1 桁の数字を連続加算し，作業量や誤謬数，休憩効果，動揺，初頭努力，終末努力などの点から，パーソナリティを理解しようとするものである。

c　投影法　漠然とした曖昧な図版を示して，自発的に自由に反応させ，欲求や葛藤，感情などの言語化しにくいパーソナリティの力動的な側面を診断し，解釈する検査である。結果を解釈するには，高度な専門的知識や理論が要求される。ロールシャッハ・テストや TAT（絵画統覚検査），CAT（児童用絵画統覚検査），P-F スタディ（絵画欲求不満テスト），SCT（文章完成テスト）などが該当する。

（4）事例研究法

　児童生徒の蓄積された事例をもとに，理解を深める方法である。この事例とは，日ごろからの観察記録や面接記録，調査結果，他の機関からの情報など，児童生徒を理解するための方法を数種類組み合わせて構成される。事例研究を実施した結果，解明された点は指導に役立てられ，問題行動の改善に生かすことができる。たとえば学校では，複数の教師が持ち寄ったさまざまな資料を分析・検討して組織的に適切な指導を行ったり，スクールカウンセラーやスクールソーシャルワーカー，養護教諭などが専門家チームを組み，それぞれの専門分野で得られた知見を生かして理解を深めていくのである。

◉参考文献
岩脇三良　1996　教育心理学への招待──児童・生徒への理解を深めるために　サイエンス社
菊池武剋（編著）　2000　生徒理解の心理学──生徒指導・教育相談の基礎　福村出版

第4章　生徒指導体制

第1節　生徒指導体制を整える

1　生徒指導体制の重要性

　生徒指導を適切に実施するためには，常に生徒の実態を把握する必要がある。その際，全教職員で家庭や地域など，多方面から情報収集することが適切な判断につながることから，生徒指導部，とりわけ生徒指導主事を中心としながらも，児童生徒の健全育成と問題行動の予防や解決に向け，学校全体で一致協力して取り組むことが重要である。

　また，強固な生徒指導体制を構築するには，教職員がお互いの役割や業務分担（専門性など）を十分に理解し，助け合い，創意工夫する協働性が大切である。

2　学校段階による特徴

　各学校段階における生徒指導体制のあり方については，おおむね以下のように考えられる。

（1）小学校の生徒指導体制

①学級運営と生徒指導の相互支持・促進による生徒指導体制の充実　小学校では，学級担任がすべての情報をかかえ込んでしまう傾向にある。それらを払拭し，学級運営と生徒指導が相互に補完し合って学校全体としての生徒指導の充実・強化を図ることが必要である。

②児童理解の深化と規範意識の育成　規範意識の育成のためには，社会的ルールやマナーの意味，大切さを子ども自身が実感していく学校の生徒指導体制を進めていくことが大切である。

（2）中学校の生徒指導体制

①コーディネーター機能を生かした生徒指導体制の充実　学校内において課題解決

第4章 生徒指導体制 45

に向けた協働的な取り組みを行うためには，生徒指導主事が協働体制の中核となり，コーディネーターとしての役割を果たすことが重要である。

②生徒個々に対するきめ細かな指導と社会的ルールや責任感の習得　各教師が個人で判断し対応するのではなく，学校間の連携などにも留意して多面的な視点から情報を収集し，協働的に指導・援助することが大切である。

　また，学校生活は，規律や社会的ルールを学ぶ場であるという認識に立ち，学習環境の整備や学校内規律の維持に，家庭教育とも連携をとって取り組むことも大切な視点である。

（3）高等学校の生徒指導体制

①教職員の共通理解・共通実践の深化と生徒指導体制の充実　客観的資料やデータをもとに教職員の共通理解を図り，そのうえで，各学校の教育目標と生徒指導の関連性を明らかにし，全体構想を立て実践することが大切である。

②規範意識の向上と懲戒処分の効果的運用　懲戒処分が学校長に認められていることは，高等学校の生徒指導の大きな特徴であるが，これまでの生徒指導措置状況について，その方法・内容面や効果面などから評価・点検し，懲戒処分の適切で効果的な運用を検討する必要がある。

3　全教職員による組織体制の充実

　生徒指導の充実には，管理職のリーダーシップや生徒指導主事のコーディネーターとしての機能が十分に発揮されることはもちろん，教科指導の場面以外に，ホームルーム活動などの特別活動を通じて，児童生徒と接触する機会が多い学級担任の役割も重要である。学級担任は，児童生徒の個性，学校内における人間関係，家庭の事情などを把握する機会にも恵まれており，具体的・継続的に児童生徒を理解し，指導を行うことができる立場にある。また，児童生徒や保護者との信頼関係づくりに多大な影響を及ぼすことから，その情報が絶えず他の教職員に共有されていく体制を整えることが重要なポイントである。

　さらに生徒指導を組織的に進めるためには，体制を整えるだけでなく，全教職員が自らの役割を自覚するとともに，互いの役割を認識して相互補完的に協力することが大切である。こうした生徒指導体制を充実したものにするためのポイントは，以下のとおりである。

(1) 情報を収集，集約し，実態把握を全教職員で行う

全教職員で学級や学年の垣根を越えて多方面から情報収集および情報集約することにより，児童生徒の状況や課題を明確にすることが大切である。そのためには，「児童生徒の何についての情報を集めるのかを明確にすること」「さまざまな場面での情報を多面的に集めること」「報告・連絡・相談をしっかりすること」などが大切である。

(2) 課題を具体化，視覚化する

課題を客観的な事実に基づいて具体化，視覚化することで，教職員の問題意識を喚起することにつながる。また，事実に基づいた資料の蓄積は，生徒指導の取り組みの継続にもつながる。たとえば，児童生徒へのアンケート結果をグラフや一覧表にするなど，視覚をとおして状況を瞬時に把握できるような資料を示すことなどである。

(3) 指導基準，行動基準を具体的に示す

わかりやすい統一された指導基準と，それを踏まえた行動基準を作成することで教職員は自信をもって指導しやすくなる。また，そうした基準を作成することはその後の指導の効果につながることを具体的に示すことも大切である。たとえば，「子どもが相談しやすい雰囲気をつくる」→「子どものそばにいる」「廊下等はゆっくりと歩く」や「チャイム着席を徹底させる」→「教員は教室でチャイムを聞く」などである。このような基準を作成することで，教職員の指導の充実に結びつく。

(4) 取り組みのスモールステップ，スモールゴールを設定する

一度に大きな効果をめざしても，いっきに変化をすることは難しく，急激に変化したことは，また揺り戻ることもありうる。そこで，指導のためのスモールステップを用意し，1つずつ確実に成果をあげるように心がける。そして，取り組みのスモールゴールを設定することで，教職員は小さな達成感と充実感を味わうことができる。また，スモールゴールを積み重ねていくことは，最終目標に向けた取り組みの継続につながる。このことは，教職員の精神的負担をやわらげることにもなる。ただし，スモールゴールの設定に際しては，期限と具体的な目標を示すことが大切である。

（5）プロジェクトチームによる支援

　児童生徒の対応にあたっては，必要に応じ，複数の教職員やスクールカウンセラーなど，外部の専門家からなるチームによる支援も有効な方法の1つである。チーム支援体制を効果的に機能させるためには，外部人材も交えた研修会やケース会議を実施し，学校として多様な人材を積極的に活用することも大切である。

第2節　生徒指導主事

1　生徒指導主事とは

　生徒指導主事は，学校教育法施行規則に「校長の監督を受け，生徒指導に関する事項をつかさどり，当該事項について連絡調整及び指導，助言に当たる」ことが示されているように，生徒指導を組織的に行ううえでのキーパーソンである。生徒指導部の要_{かなめ}として，校長・教頭および教職員全員と連携し，情報収集→集約→整理→発信を行うことが大切である。

2　生徒指導主事の役割

　学校の校務分掌では，一般的に，生徒指導部などが生徒指導の企画や立案に当たるなど，生徒指導推進の中心的な役割を担っている。そこでは，生徒指導部内の適切な役割分担とよりよい人間関係づくりなどが必要であるが，そのためには生徒指導主事の力量と責任感，そしてメンバーの意欲と情熱が大切である。また，学級担任や学年主任，他の校務分掌などとの連携を密にしていくことはもちろん，警察や児童相談所などの関係機関との窓口を明確化・一本化しておくことも必要である。

　このように，生徒指導体制の充実のためにはさまざまな観点があり，各学校の実態に応じた日常の定期的な点検・評価をとおして現状と課題を把握し，改善などに取り組むことが重要である。生徒指導体制を機能させるうえでは，生徒指導部に属する教師や学級担任の果たす役割は重要であるが，それを支える学校全体の教職員の一致協力した取り組みも不可欠である。生徒指導主事は教頭，学年主任などと連携し，生徒指導部員とともに，各教職員の力をプラスの

方向に向けて束ねることで，学校としての生徒指導力を高めることを考える。各教職員の力を生かすことは，一部の教職員に負担が偏ることを防ぐとともに，チームでの適切な対応につながる。以上をまとめると，生徒指導主事には次のような役割が求められる。

①学校内外の状況について情報収集し，適切に情報集約することにより，現状と課題を明確にすること。

②校長が的確に判断できるように，現状と課題を管理職に正確に伝達すること。

③学校の方針を踏まえた取り組みの計画を立てること。

④教職員全員で取り組みを進めていくために，教職員の役割や動き方をつくること。

⑤取り組みの拡充と継続につなげるために，実践した取り組みを定期的に点検すること。

これらの役割を果たすためには，問題が起きてからの対応ではなく，日常的にさまざまな取り組みなどの調整をすることが必要である。したがって，普段から，できるかぎり多くの教職員とコミュニケーションを図り，生徒指導主事に情報が集まりやすいようにする必要がある。

また，小学校および中学校においては，特別支援教育コーディネーターとの連携・協力が欠かせない。発達障害のある児童生徒の家庭や関係機関との連携のキーパーソンである特別支援教育コーディネーターと，校内指導体制のキーパーソンである生徒指導主事が連携・協力することは，発達障害にかかわる問題を特別な対応として扱うことを避ける意味でも重要なことである。

このように生徒指導主事は，校内の生徒指導全体の調整役であるが，学校段階によって，役割に差がある。たとえば，小学校においては，それぞれの事案に応じて，教頭（副校長），生徒指導主事，教務，各学年の主任（主幹），保健主事，養護教諭などが分担して担う必要がある。

第3節　年間指導計画

生徒指導の年間指導計画は，生徒指導主事を中心に，生徒指導部が中心にな

って作成する。生徒指導は学校の行事などとの関連が強い。そこで学校教育全体の年間指導計画のなかに，生徒指導上の取り組みに関する年間指導計画を盛り込むと有効である。その際，「日常的な指導との関係性に配慮すること」「児童生徒の発達の段階や学校・家庭・地域などの実態を踏まえて計画されていること」「家庭・地域などへの広報を通じて周知すること」などを踏まえることが大切である。

また，年間指導計画は，「全教職員の共通理解が図られているか」「年度ごとに取り組み状況を踏まえて見直しているか」などをチェックし，絶えず改善を図ることが求められる。

第4節　教員研修

1　教員研修の重要性

生徒指導は，すべての教職員によって行われるべきものである。また児童生徒の個別の課題への指導にとどまらず，いずれ社会の担い手となる児童生徒の社会的なリテラシーの形成をめざすことでもある。こうした生徒指導の基本的な考え方を全教職員が共有できることが，学校での研修の最も重要な点である。とりわけ日常的に児童生徒と接することが多い学級担任や教科担当教師は，最も生徒指導を進めやすい立場にいるため，学級担任・教科担当教師の日々の実践の積み重ねが，生徒指導の充実をめざすうえでポイントになる。

具体的には児童生徒理解の理論や方法に基づき，子どもの状態や課題を的確に理解し，個別支援計画を立てたうえでの適切な支援を実行できることが求められる。そのためには，児童生徒理解の基本的理論を身につけるとともに，児童生徒理解に必要な資料を収集したり，学級のもつ組織的機能を高め，保護者や他の教職員と連携したりすることの意義や方法について研修を深めていくことが必要である。さらに，教育を取り巻く実態を理解し，生徒指導の意義と課題，集団指導・個別指導の方法と原理を理解する必要もある。

2　研修の内容

第一に，生徒指導の意義と原理を把握する。生徒指導の根源になることなの

で，指導経験の少ない教師はもとより，中堅・ベテランの教師も学校教育が学習指導と生徒指導の一体で進められることを理解したい。

第二に，日々の生徒指導を進めていくためには，児童生徒理解が重要であり，資料収集をしたうえでの集団指導や個別指導は学級担任・教科担当教師それぞれの立場から理解したい。

第三に，生徒指導の進め方の実践的内容の把握である。担任による生徒指導，組織的対応と連携のあり方，児童生徒の基本的な生活習慣の確立や安全にかかわる問題については，日々の指導の肝として日常のなかでも確認していきたい。とくに問題を重度化・長期化させないためにも，学級担任や教科担当教師による問題行動の早期発見や早期対応が，効果的な指導に結びつくことを認識して日々の指導に当たるようにしたい。

3　研修の留意点

第一に，生徒指導に関する最新の知見を全教職員に還元する。生徒指導上の具体的な知識や方法は，子ども・学校・社会の変化とともに更新されていく。知識の陳腐化による対応の失敗を防ぐためにも，すべての教職員が生徒指導上の最新知見を獲得する機会をもつことが必要となる。具体的には，教育委員会などでの研修をとおして最新の知識や方法を学んだ研修受講者が，その内容を校内研修などで，全教職員にいかに素早く還元することができるのかが大きなポイントとなる。

第二に，各学校がかかえる生徒指導上のニーズをもとに，研修計画を立案することである。各学校の実態は異なっており，まずは自校の実情を的確に把握し，そこから導き出される生徒指導上のニーズをもとに全体の研修を立案していくことが必要となる。たとえば，いじめの対応が最大の課題と考えられた場合，最初にいじめの予防や対応に関する最新の知見を学んだうえで，いじめと関連づけながら，教育相談の原理や方法，生徒指導の進め方，さらには法制度の理解などへと研修を発展させていくことが大切である。

第三に，効果的な研修を行うために，全教職員参加による校内研修だけでなく，さまざまな機会をとらえ，多様な研修を進めていくことが必要となる。たとえば，学年会などでケーススタディの時間を設け，そこにスクールカウンセ

ラーなどの参加を求め事例への理解を図るような工夫や，ロールプレイや討議などを取り入れて参加意欲を高めるような工夫など，効果的に時間を活用し教職員の動機づけを高めるためのさまざまな工夫が望まれる。学校での研修はOJT（実務経験を通した訓練）を生かし，日常の諸活動を研修の機会としてとらえることが必要である。

4 研修の評価

研修は実施すればよいものではなく，その効果について振り返り，必要に応じて改善していくことが必要である。たとえば，以下の項目について振り返ってみたい。

①校区内外の問題箇所，危険箇所の視察が設定されているか。

②講義などで校区の現状と課題，学校の教育目標と生徒指導にかかわる考え方および体制を理解することができたか。

③家庭訪問などの資料について活用しやすいよう内容が工夫されているか。

④指導上配意が必要な児童生徒について理解できたか。

⑤多様な研修手法を用いることができたか。

⑥資料収集の仕方，個別支援のあり方，人間関係づくりなどの具体的な内容が取り入れられているか。

⑦児童生徒の成長や変化に着目し，生徒指導体制，指導上配意が必要な児童生徒などについて教職員の共通理解ができたか。

⑧情報の交換，知識や技法の理解，スキルの向上や能力の育成ができたか。

⑨研修の結果，校内の生徒指導体制が機能しているか。

第5節　指導要録

指導要録は，児童生徒の指導の過程や結果を累加的に記録し，児童生徒への理解を深め，指導に生かすためのものである。有効に生かすことで，担任が代わっても，医師のカルテのように，それまでの児童生徒の状況を踏まえた指導をすることが可能である。

主に，生徒指導で役立てる内容としては，以下のものである。

〈行動の記録　総合所見および指導上参考となる諸事項〉

(1)　学校における総合所見および指導上の参考となる諸事項については，児童生徒の成長の状況を総合的にとらえるため，以下の事項を文章で記述する。

①各教科や総合的な学習の時間の学習に関する所見

②特別活動に関する事実および所見

③行動に関する所見

④進路指導に関する事項

⑤児童生徒の特徴・特技，部活動，学校内外におけるボランティア活動など社会奉仕体験活動，表彰を受けた行為や活動，学力について標準化された検査の結果など指導上参考となる諸事項

⑥児童生徒の成長の状況にかかわる総合的な所見

ただし，記入については，以下の事項が補足されている。

(2)　記入に際しては，児童生徒の優れている点や長所，進歩の状況などを取り上げることに留意する。ただし，児童生徒の努力を要する点などについても，その後の指導においてとくに配慮を要するものがあれば記入する。

(3)　また，学級・学年など集団のなかでの相対的な位置づけに関する情報も，必要に応じ，記入する。

(4)　さらに，通級による指導を受けている児童生徒については，通級による指導を受けた学校名，通級による指導の授業時数，指導期間，指導の内容や結果などを記入する。通級による指導の対象となっていない児童生徒で，教育上特別な支援を必要とする場合については，必要に応じ，効果があったと考えられる指導方法や配慮事項を記入する。

第6節　生徒指導体制の課題

1　バランスのよい組織づくり

生徒指導体制が有機的に機能するためには，生徒指導部，とくに生徒指導主事の力量だけでなく，管理職，主幹，各主任，その他一般の教師，それぞれの

教職員について，生徒指導に関し実務上求められる力量を発揮できる組織が必要である。近年，ベテラン教師や中堅教師の減少，経験の浅い新人教師の増加という教職員のアンバランスな年齢構成によって，現場における実践のなかでの先輩教師から新人教師への知識・技術の伝承が困難になりつつある。したがって，生徒指導体制において，ある程度経験を積んだ中核教師には，管理職・生徒指導主事と他の教師との間で，積極的にリーダーシップを発揮する役割や機会を与えるなど，次世代を担うリーダーとしての力を学校が意図的に培っていくことが望まれる。

2　児童生徒理解に基づく対応

　児童生徒の問題行動のみに目が向きすぎることにより，その背後にある児童生徒の個人の性格や社会性などの個人的問題，家庭の問題，発達障害，対人関係上の問題を見失うことがある。児童生徒理解が不十分な場合は，問題行動の真の解決に結びつかず，事態が深刻かつ長期にわたることになるので，スクールカウンセラーなどの専門家による支援・助言を得ながら，さまざまな要素の情報を集約できる体制を構築することが重要である。

3　関係機関や家庭・地域との日ごろからの連携づくり

　生徒指導体制において，教育機関（教育委員会・教育センター・教育支援センター・大学など），福祉機関（児童相談所・市町村児童福祉課・家庭児童相談室・子ども家庭支援センター），警察関係（警察署・少年サポートセンター），司法・矯正・保護機関（家庭裁判所・少年鑑別所・保護司），医療・保健機関（病院・精神保健福祉センター・保健所・保健センター），NPO団体や地域住民との連携により，情報が集まりやすく，専門的，継続的な指導が可能となる。

　これらの機関とスムーズに連携するためには，校区内ネットワークをつくっておくことが考えられる。小学校，中学校の教職員，生徒指導主事，教育委員，地域の弁護士，民生・児童委員，主任児童委員，保護司，医師，自治会長，PTA役員や保護者など，教育活動に関心があり，直接的・間接的に教育活動に協力している人々に参加してもらい，多様な情報交換を定期的に行う。こうした，日常的な人間関係の基盤をつくることで，問題状況が発生した場合

の連携がうまくいくのである。

第7節　生徒指導の評価

　生徒指導の取り組みは，小学校・中学校・高等学校などの学校種別，各地域や学校の実態によって異なっている。このため，学校評価の一環として，各学校が生徒指導についての重点目標を設定し，その達成状況や，達成に向けた取り組みの状況を把握するための評価が大切になる。評価項目・指標などを各学校の実態を踏まえて設定し，評価結果を今後の指導の改善に生かしていくことが必要である。それが，保護者や地域住民の信頼に応えて説明責任を果たしていくことにつながる（図4-1）。

図 4-1　生徒指導の実践・評価サイクル
（出典：国立教育政策研究所生徒指導研究センター　2011　生徒指導の役割連携の推進に向けて）

●参考文献
国立教育政策研究所生徒指導研究センター　2008　生徒指導資料第3集 規範意識をはぐくむ生徒指導体制――小学校・中学校・高等学校の実践事例22から学ぶ
国立教育政策研究所生徒指導研究センター　2006　「生徒指導体制の在り方についての調査研究」報告書――規範意識の醸成を目指して
国立教育政策研究所生徒指導研究センター　2011　生徒指導の役割連携の推進に向けて――生徒指導主事に求められる具体的な行動

第5章　生徒指導の進め方

第1節　組織的対応

　近年，複雑化・多様化する児童生徒の問題行動などを解決するために，学級担任・ホームルーム担任が一人で問題をかかえ込むのではなく，管理職，生徒指導主事（生活指導主任など），教育相談担当，学年主任，養護教諭などの校内の教職員や，スクールカウンセラーやスクールソーシャルワーカーなどの外部の専門家を活用し，学校として組織的に対応することが求められている。そのため，各学校においては，生徒指導部（生活指導部など）を中心とした校内の組織体制の構築が行われている。

　学校現場における組織的対応とは，教職員一人ひとりが生徒指導に関するさまざまな問題に対して，その内容や必要とされる指導などに関する共通理解のもと，自己の役割を理解し，適切に果たすことによって機能する指導体制のことである。

　そして，この学校における組織的対応の効果を上げるためには，教職員一人ひとりが自らの責務を自覚したうえで，必要な資質や指導力を高めていくよう日々研鑽を積むとともに，日常の生徒指導に対して積極的に役割を担っていくことが重要である。その際には，守秘義務と説明責任など，法令などに規定されている内容やその趣旨を十分に理解しておくことが必要である。

　学校における組織的対応は，問題の解決のためだけにあるのではなく，日常的な指導を通じて児童生徒の健全な成長をうながし，豊かな人間性を育むなかで，多様な問題の未然防止を図っていくことも目的の1つである。

1　チームによる支援

　チームによる支援とは，問題をかかえる個々の児童生徒について，校内の教

職員だけでなく，スクールカウンセラーやスクールソーシャルワーカーなどで
チームを編成し，児童生徒に対して必要な指導や援助を行うとともに，家庭へ
の支援も行うなどをとおして問題の解決を図る方策の1つである。

　この支援を行うためには，チーム全員が指導のあり方について共通理解を図
り，協働して問題の解決に取り組む姿勢や意識をもつことが重要である。その
ため，管理職のリーダシップのもと，チーム支援の意義や必要性について教職
員などに周知するとともに，生徒指導部などの校務分掌に児童生徒への支援策
の1つとして位置づけ，チームでの支援のあり方について計画的に研修などを
実施していくことが必要である。

　また，チームによる支援の目的は，児童生徒の問題行動などに対して，組織
的に対応し，早期解決と再発防止の徹底を図ることである。

　さらに，児童生徒一人ひとりがかかえる問題などに対して意図的・計画的に
取り組んでいくためには，幼稚園・保育所から小学校，小学校から中学校，中
学校から高等学校への系統的，継続的な指導体制の構築が求められている。

(1) チームによる支援の基本的な考え方

　児童生徒の問題行動の背景には，学校生活だけでなく，児童生徒を取り巻く
家庭環境や生活環境の要因が影響を及ぼしていると考えられる。そのため，学
級担任・ホームルーム担任は，児童生徒の問題行動の状況を把握した時点で，
早期に学年主任や生徒指導主事，スクールカウンセラーや管理職に相談し，情
報の共有化を図るとともに，チームによる支援が必要であると判断した場合
は，家庭へのはたらきかけも含めて関係する教職員とチームを組み，迅速に対
応していくことが重要である。

(2) チームによる支援（編成）のあり方

　チームによる支援（編成）のあり方には，図5-1に示したような例が考えられる。

(3) 情報共有

　児童生徒の問題行動などに対して適切な解決を図っていくためには，当該児
童生徒に関する情報を収集し，チーム全員が共有することが必要である。チー
ム全員が情報共有することにより，当該児童生徒が問題行動などを起こす背景
や要因から指導の手立てなどの具体的な方策や解決方法までを見出していくこ
とにつながる。

第5章　生徒指導の進め方　57

```
チーム編成の例
①校内の複数の教職員が連携して援助チームを
編成して問題解決を行う校内連携型

②学校と教育委員会，関係機関がそれぞれの権
限や専門性を生かしたネットワーク型

③自殺，殺人，性被害，深刻な児童虐待，薬物乱
用など，学校や地域に重大な混乱を生じる事態に
対して，緊急対応を行う緊急支援（危機対応）型
```

図 5-1　チーム編成の例（出典：文部科学省　2010　生徒指導提要）

　具体的には，当該児童生徒の生活全般に関する情報，学校生活の状況や友人関係に関する情報，家庭環境・生活環境に関する情報，成育歴や心身の発達状況，心理・医療に関する情報などがある。

　なお，これらの情報は，当該児童生徒の個人情報であるため，その収集の仕方については配慮を要するとともに，取り扱いや管理については管理職の指示のもと，遺漏（いろう）がないようチーム全員に周知徹底することが重要である。

（4）ケース会議

　チーム全員による情報共有のもと，指導や支援などの具体的な手立てや解決方法を見出していくことを目的に開催するのがケース会議である（図5-2）。

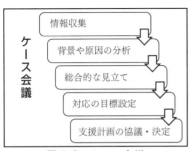

図 5-2　ケース会議

　ケース会議とは，児童生徒一人一人が抱える課題について，本人とその環境に関する様々な情報を収集・共有するとともに，その背景や原因を分析して，その事案（ケース）の総合的な見立て（アセスメント）を行い，対応の目標の設定，役割分担を内容とする援助・支援計画を具体的に協議・決定する会議のことです。

（出典：文部科学省　2010　生徒指導提要）

なお，ケース会議に参加するのは，学級担任・ホームルーム担任や生徒指導主事を核としながら，管理職や養護教諭，学年主任，スクールカウンセラーなど，直面している問題の内容によって構成員が異なる場合がある。

(5) 連絡・調整役（コーディネーター）の設置

　チームによる支援が必要と判断した場合は，個々のケースごとに，ケース会議を開催し，問題状況の把握や解決のための支援計画を作成する。また，チームによる支援を行う場合に個別のケースによっては，教職員，保護者，教育委員会，関係機関や地域との連絡・調整が必要となる場合がある。その際は，チーム内に新たな役割として連絡・調整役（以下，コーディネーター）を設けることが必要である。連絡・調整の窓口を一本化し，円滑な連携を図るためには欠かすことのできない役割である。

　具体的には，生徒指導に関する専門的な知識・スキル・経験を有する教職員が望ましく，たとえば経験豊かな生徒指導主事や養護教諭などが適任であると考えられる。

　また，スクールソーシャルワーカーをコーディネーターとして活用することも考えられる。スクールソーシャルワーカーは，各地域の関係機関との「つながり」を重視し，ニーズに応じた援助・支援のネットワークの形成に努めることができる役割を担っている。このことから，社会福祉の専門的知識・経験を生かしたうえで，当該児童生徒の家庭環境や生育環境などの視点から背景・現状などを考慮したアセスメント（ある事象を客観的に評価することをいう）を行うとともに，必要に応じて関係機関との連絡・調整を進め，福祉制度を活用しながら，当該児童生徒を取り巻く環境の改善を進めていくことが期待できる。

(6) 多様な人材の活用

　チームによる支援を行う場合は，教職員やスクールカウンセラー，スクールソーシャルワーカーの他に，教育相談員，学習支援員，学生ボランティアなどを有効に活用することも考えられる。

　教育相談員，学習支援員，学生ボランティアなどは，さまざまな相談や専門的カウンセリング，児童生徒との日常的な触れ合いや観察などをとおして，学級担任・ホームルーム担任，教科担任が授業場面や行事などでみたことがないかれらの一面や言動，動向を把握していたり，家族的な人間関係を構築してい

たりする場合がある。そのため，ケースによっては，問題解決を図るうえで，このような人材を活用することも必要である。また，生徒指導に関し豊富な指導経験を有する管理職 OB や教員 OB，少年非行に見識の深い警察官 OB，心理や法的な問題に詳しい専門家などをチームに加えることで，多様な専門的見地から問題の解決につながる糸口を発見することにもつながる。

2　チームによる支援の進め方

(1) チームによる支援の要請

深刻な問題行動や特別な支援を要する児童生徒の問題解決について，学級担任・ホームルーム担任や保護者から相談や要望があった場合は，生徒指導部などの校務分掌に位置づけられた組織でチームによる支援が必要かどうかを検討する。

(2) チーム編成とアセスメントの実施

生徒指導部などの校務分掌に位置づけられた組織において，チームによる支援が必要であると判断した場合は，関係または必要とされる教職員を招集してチーム編成を行うとともに，ケース会議を開催し，当該児童生徒に関する情報収集・分析を行い，支援の目標や方法を検討する。その際，当該児童生徒のつまずきの原因や背景，悩みや不安，問題の所在や程度などを明確にすることが大切である。

(3) 個別の支援計画の作成とチーム編成の再確認

アセスメントに基づいて，問題解決のための具体的な個別の支援計画を作成する（図 5-3）。

また，個別の支援計画に基づいて，ケース会議に参加したメンバーを核としたチーム編成を再確認するとともに，支援計画の実施に向けて新たに必要となるメンバーの有無や具体的な役割を決めるなどして支援体制を整える。さらに，個別の支援

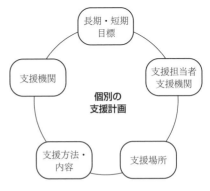

図 5-3　具体的な内容例

（出典：文部科学省　2010　生徒指導提要）

計画については，関係する部署や学年にも周知して共通理解を図り，チームの求めに応じて必要な連携・協力を図ることができるようにする。

(4) チームによる支援の実施

チームによる支援を実施している過程において，コーディネーターが中心となって，定期的にケース会議を開催することが必要である。具体的には，ケース会議において，①支援による状況の確認，②当該児童生徒や保護者の反応・変化などの状況，③全体的な支援の経過報告を行い，目標達成に向けた進捗状況を確認し合うようにする。その結果を踏まえて，支援についての継続または修正・改善を検討する。

(5) チームによる支援の総括的評価の実施

チームによる支援を実施しているなかで，個別の支援計画で設定した長期的，短期的な目標の達成状況について，学期末や学年末などの時期において総括的評価を行う。目標達成に困難が想定される場合は，再度アセスメントを行い，個別の支援計画そのものの改善を図り，チームによる支援のあり方を全面的に見直していくことも必要である。

個別の支援計画の目標が達成されたと判断された場合は，チーム支援を終結する（図5-4）。

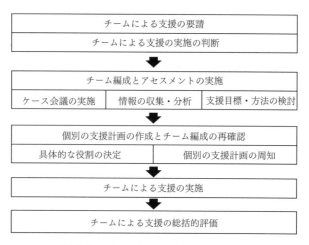

図5-4 チームによる支援のプロセス

3　学校種間や学校間の連携

（1）学校種間連携の必要性

　小学校では，小1プロブレム（小学校に入学したばかりの1年生が，①集団行動がとれない，②授業中に座っていられない，③先生の話を聞かないなど，学校生活になじめない状態が続くこと）などの問題や問題行動の低年齢化，児童虐待やいじめの問題，また発達障害のある児童への対応などがあり，幼稚園・保育所と小学校，小学校と中学校の学校種間連携が求められている。

　また，中学校では，不登校の生徒への対応やSNSの不適切な扱いによる問題の発生，さらには，社会的な問題に発展しているいじめ問題への対応などがあり，このような問題の未然防止の観点からも小学校との連携は欠かせないものとなっている。

　高等学校では，目的意識の希薄化や怠学などによる中途退学の問題などがあり，中・高一貫教育の推進など，中学校との連携によるキャリア教育の取り組みが考えられている。

　このような問題の背景としては，家庭や地域の教育力だけでなく，学校種ごとの制度の違い（学級担任制から教科担任制への変化など）や，児童生徒の仲間集団におけるかかわり合いの変化，さらに児童生徒理解の不足，他の学校種の教育活動・内容の理解が十分でないことなどがあげられる。

　各学校種が相互に積極的に交流を深め，連携を図ることによって，教職員の視野が広がるとともに，他の学校種を理解したうえで自校の教育活動を見直すことにもつながり，児童生徒のかかえる課題の解決に向けての取り組みがより充実していくことが期待される。

（2）学校種間の連携のあり方

　学校種間の連携は，教職員一人ひとりが幼稚園・保育所段階から高等学校段階までのつながりのなかで，自校の教育的役割を認識して教育活動を展開していくことが大切である。したがって，年間計画に位置づけるなどして，計画的に交流を深めていくことが必要である。

　具体的な例には，次のような学校種間の連携方法が考えられる。

①合同研修の実施や生徒指導連絡会議の開催

　中学校区等を単位に，生徒指導担当者，養護教諭，特別支援教育コーディネーター，スクールカウンセラー，スクールソーシャルワーカー，関係機関の職員等が参加し，合同研修や生徒指導連絡会を開催して，当該校区の情報交換を行います。また，学校種を越えた支援が必要な場合は，学校種の担当者が合同でケース会議を開催し，問題の早期解決や長期にわたる継続的な支援ができるようにします。

②系統的，計画的な共通プログラムの開発・実践と幼児児童生徒の交流

　当該校区の実態に応じた問題行動の未然防止プログラムや社会的スキルの育成を促進するプログラム等を開発し，小学校から中学校にかけて系統的，計画的に実践します。その際，各々の学校（園）だけで取り組むだけでなく，共通の行事を計画するなど，幼児児童生徒が触れ合う機会を設けることも有効です。

　特に，同じ中学校区での児童生徒の交流や中学校生活の体験などは，中学校への接続を考える上で，児童の中学校生活への不安感の軽減に効果が期待されます。

③コンサルテーション体制の確立

　小学校の養護教諭から中学校の生徒指導担当者が専門的な助言を受ける，あるいは中学校の生徒指導担当者が小学校の生徒指導担当者に専門的な助言を与えるなど，必要に応じて助言が行えるコンサルテーション体制をつくっておくとよいでしょう。

④人事交流の実施

　教育委員会で計画的に学校種間での人事交流を行っていくことが有効です。教育や指導の連続性を理解することや児童生徒の理解につながります。

（出典：文部科学省　2010　生徒指導提要）

（3）学校間の連携

　学校間の連携とは，近隣の学校同士で日常的な学習活動のあり方に関することや生徒指導に関する情報交換を行うことである。それは，互いに教育の質を

高め合うこととともに，生徒指導に関する取り組みや連携して問題の対処に当たるなど，教育的効果を上げる意味において重要な取り組みの1つである。

　具体的には，他校の児童生徒間でのトラブルや，万引きや暴力行為などの問題行動を複数の学校の児童生徒が行った場合，事実関係の確認や指導を学校間で協力して行うことができ，効果的である。

　また，年間計画に位置づけて，学校行事や体験活動・部活動などを通じて，児童と生徒，他校の児童生徒同士との交流を行うことで，望ましい人間関係づくりに必要な力を育むことにもつながる。

第2節　生徒指導における教職員の役割

1　教職員の責務と生徒指導

　学校の教育活動全体を通じて，教育基本法に示されている教育の目的や各学校教育段階で示されている目標の達成に向けた教育の実践，児童生徒の生命や安全・安心して学ぶことのできる学校教育に関する責務を，教職員一人ひとりが負っている。

　そのなかでも，生徒指導の観点から，学級担任・ホームルーム担任は，学級・クラスにおいて児童生徒がよりよく学び合うための学級・クラスづくりの責任を負っている。

　また，学年主任は当該学年の円滑な経営を，生徒指導主事は機能的な組織づくりと第一義的な生徒指導を，管理職は学校全体の生徒指導上の責任を有している。

　学級担任・ホームルーム担任や学年主任，生徒指導主事や養護教諭といった立場ごとの役割はあるが，日々の生徒指導においては，校内の全教職員が共通認識のもとに，学校の教育活動全体を通じて行っていく責務がある。全教職員一人ひとりがこの責務を果たしていくことが，校内の指導体制の充実に欠かすことのできない基本である。

2　学級経営・ホームルーム経営の重要性

　学級・ホームルームは，生徒指導を進めるうえでの基本となる学校生活の場

である。そのため，学級経営・ホームルーム経営においては，学級担任・ホームルーム担任が学校経営方針を踏まえて，学級経営方針や学級経営計画を作成し，集団生活をとおして児童生徒一人ひとりが着実に成長し，発達していくよう指導していかなければならない。

さらに，生徒指導の観点からとらえた場合，学級経営・ホームルーム経営は，生徒指導の基盤の1つであるともいえる。

3　学級担任・ホームルーム担任が行う生徒指導の基本

学級担任・ホームルーム担任の教師は，児童生徒の学校生活全体にかかわり，必要に応じて適切に児童生徒に対する生徒指導を行うことが大切である。そのためには，学級経営方針や学級経営計画を児童生徒だけでなく保護者にも周知し，理解を得て取り組んでいくことが必要である。

また，学級担任・ホームルーム担任として児童生徒一人ひとりに接する際には，自らも心を開いて誠実に相対し，教育的愛情を注いで生徒指導に当たることが大切である。しかし，発生した問題の重大性や状況によっては，毅然とした態度で臨み，児童生徒自らその問題の過ちや責任を自覚し，その後の行動や生活態度を改めていくことができるよう粘り強く指導していくことが求められている。その際，学年の担任間の連携・協力はもとより，生徒指導部をはじめ，他の校務分掌との連携・協力を深めていくことも効果的である。

また，学級担任・ホームルーム担任は，日ごろから児童生徒に対して，道徳性や社会性を育むための教育活動を展開するなかで，問題行動の発生防止などの生徒指導に努めることも大切である。

4　教職員の自己研鑽・研修の必要性

教職員は，児童生徒にとって身近に接しているおとなであり，教師という職業から信頼を得られる人であるため，社会人としての模範を示すことのできる人でなくてはならない。そのためには，教育に対する使命感や責任感をもって自己研鑽や研修で学ぶことをとおして，日々自己を高めていくことが必要である。また，このように学び続けることが児童生徒との信頼につながり，自身の教師としての自信にもつながるものである。その結果，学習指導はもとより，

第5章　生徒指導の進め方　65

生徒指導にも優れた指導力を有する教師になっていくのである。

第3節　守秘義務と説明責任

1　守秘義務と説明責任

（1）守秘義務

　地方自治体の公立学校の教師は，地方公務員法第34条によって，秘密を守る義務を有している。具体的には，職務上知りえた秘密のすべてであり，実質的に秘密として保護するに値すると認められるものについて，守秘義務が課せられると示されている。

　また，国立学校の場合には，国立大学法人法第18条により，職務上知ることのできた秘密を漏らしてはならないとして，守秘義務が課されている。私立学校の場合には，法律上の義務はないが，雇用契約上，就業規則・秘密保持契約などで同様の義務を課されているのが通常である。また，守秘義務には，地域協議会などでの要保護児童に関する情報の共有の場合のように，民間人を含む地域協議会の構成員および構成員であった者を広く対象とするものもある（児童福祉法第25条の5）。

（2）個人情報の保護

　近年のインターネット上における高度情報通信ネットワーク化を迎え，個人情報保護の重要性はますます高まっていることから，個人情報の有用性にも配慮しながら，学校における十分な管理のもとに，個人情報を保護することが求められている。

　法律的には，「行政機関の保有する個人情報の保護に関する法律」の第7条に「その業務に関して知り得た個人情報の内容をみだりに他人に知らせ，又は不当な目的に利用してはならない」ことが定められている。また，私立学校も民間部門を規律する「個人情報の保護に関する法律」にいう個人情報取扱事業者になることから，教職員にも法律上の義務規定を守ることが求められている。さらに，個人情報の取り扱いについても，就業規則や契約書で定められているのが通例である。なお，チームによる支援で，この守秘義務を負わない者がチームに加わる場合には，個人情報保護のための契約書または誓約書などを取り

交わすことが求められている。

（4）情報公開と説明責任

　学校は，保護者や地域社会に対して，学校運営や教育内容などに関する教育情報を公開し，説明責任を果たすことが求められている。これは，法で定められた教育機関である学校が負う制度的責任でもあるといえる。

●参考文献

庄司一子（監修）　杉本希映・五十嵐哲也（編著）　2015　事例から学ぶ児童・生徒への指導と援助　ナカニシヤ出版

諸富祥彦　2013　新しい生徒指導の手引──すぐに使える「成長を促す指導」「予防的な指導」「課題解決的な指導」の具体的な進め方　図書文化社

文部科学省　2010　生徒指導提要

第6章　問題行動

　複雑化，多様化が進む現代社会の生活は，児童生徒にも影響を与え，強いストレスを生じさせている。とくに対人関係の複雑さや希薄さから悩みをかかえ，さまざまな問題行動が起きている。さらに問題行動が低年齢化し，教育現場では大きな戸惑いとなっている。教師は，こうした児童生徒の問題行動にどのように対応したらよいのであろうか。問題行動について理解し，児童生徒への接し方や対応について学んでいくこととする。

第1節　問題行動のとらえ方

1　問題行動とは

　問題行動というと，一般的に行動が乱暴で学習意欲が低く，ルールやマナーを守らず，教師や保護者の言うことを聞かない児童生徒が起こす行動と考えられる。この問題行動を広義にとらえると，「何らかの観点から問題視される行動」といえる。教育現場での問題行動とは，「学校に対して，または学校のなかで起こる児童生徒の不適応行動である」ととらえることができる。具体的には暴力行為，いじめ，不登校，高校における中途退学，自殺などがあげられる。しかし，問題行動は，教師が児童生徒を理解するために，ヒントを与えてくれる大切な出来事としてとらえることもできる。

2　問題行動の種類

　問題行動は，反社会的問題行動と非社会的問題行動の2つに大きく分けられる。反社会的問題行動は，「社会が迷惑を感じ，非とする行為で，一般的に非行といわれるもの」であり，犯罪行為，触法行為，ぐ犯行為の3つがある。犯罪行為と触法行為は年齢の違いによる区分で，窃盗や性犯罪，暴行，恐喝，器物破損，なりすましなどがある。ぐ犯行為は，犯罪につながる恐れの濃い行為

表 6-1　問題行動の分類

名称	区分		内容
反社会的行動	犯罪行為	14歳以上20歳未満で，刑罰法規に違反した行為	窃盗，性犯罪，強姦，暴行，傷害，恐喝，横領，住居侵入，器物破損，なりすまし等
	触法行為	14歳未満で，刑罰法規に違反した行為	
	ぐ犯行為	犯罪につながる恐れの濃い行為	怠学，深夜まで公園，盛り場，友人宅などを徘徊，無断外泊，飲酒，喫煙，シンナー吸引，家出，逸脱した異性交遊，売春，のぞき，中学生による妊娠，校内暴力，家庭内暴力，いじめ等
非社会的行動			不登校，学校ぎらい，神経症，うつ病，ひきこもり，自殺，児童生徒の無気力，高等学校中途退学等

で，飲酒，喫煙，シンナー吸引，家出，校内暴力，いじめなどがあげられる。

　非社会的問題行動は，「他人に危害を加えたり，迷惑をかけたりすることがなくても，自己の健康や道徳を害し，健全な発達を妨げる行為」である。これには，不登校やうつ病，ひきこもり，自殺などが当てはまる（表6-1）。

第2節　問題行動の実態

1　近年の問題行動

　ここでは，反社会的問題行動について概観する。警察庁がまとめている「少年非行情勢」では，犯罪行為で検挙された刑法犯少年と，触法行為で補導された触法少年の推移は，ここ10年でいずれも減少傾向にある。また，ぐ犯行為で補導されたぐ犯少年も同じ傾向である（図6-1）。

　触法少年の年齢の内訳では，13歳が最も多いが，12歳以下の占める割合が上昇傾向にある。罪種別でみると，刑法犯少年，触法少年ともに，「窃盗」が最も多く，次に「暴行・傷害等」になっている。また，暴力行為件数の推移

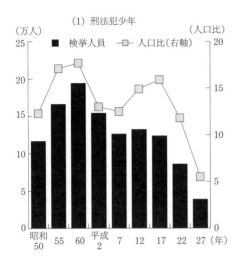
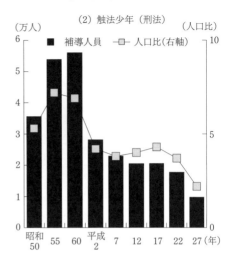
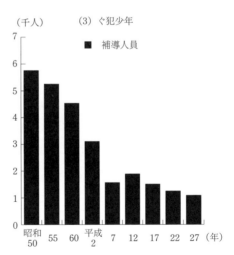

図 6-1 刑法犯少年等の検挙・補導人員
(出典:内閣府 2016 平成 28 年版 子供・若者白書)

は,近年,小学校が高等学校を抜いて上昇している。これは反社会的問題行動の低年齢化をよく表している。

さらに,最近はインターネット上で,他人の名前,盗んだ ID やパスワードを利用し,その人のふりをして悪意ある行為をする「なりすまし」がニュー

表6-2　「なりすまし」による犯罪

> 兵庫県の高校3年生男子生徒（18）はTwitterで女子生徒に人気がある
> 同級生になりすましたとして不正アクセス禁止法違反容疑で逮捕された。
> 男子生徒は，同級生のTwitterアカウントに63回不正アクセスし，フォロ
> ワーだった女子生徒17名にDMを309回送信した。
>
> 　男子生徒は同級生を装い，「エロい話をしよう」などと女子生徒らに
> DMを送信し，自撮りのわいせつ画像を送らせるなどしていた。アカウン
> トのパスワードは名前などを組み合わせたもので簡単に推測できたとい
> う。男子生徒は女子生徒に人気がある同級生に憧れ，同級生になりたかっ
> たというのが実際のところだろう。なりすましによって，Twitterの中だ
> けでは女子生徒に人気がある存在になれたのだ。

（出典：CNET Japan 2017年02月11日（土）08時00分配信）

スで取り上げられている（表6-2）。児童生徒には，「なりすまし」が違法行為
であることを説明し，十分に理解させなければならない。

2　問題行動が起こる要因

　問題行動が起こる要因は，大きく2つに分類される。個人要因と環境要因で
ある。

（1）個人要因

　これには，児童生徒の人格が含まれる。兼田ツヤ子らは，問題行動の背景・
原因として，①自己イメージが低い，②感情のコントロールができない，③自
己抑制力が弱い，④自制心を失う，⑤自己統制力の欠如，⑥耐性の不足をあげ
ている。つまり，自己中心的で我慢することができないことが問題行動の背景
にあることがうかがえる。この他，事故や病気による障害なども要因としてあ
げられる。

（2）環境要因

　環境要因は，家庭と学校，社会に関係するものである。家庭では，コミュニ
ケーション不足などの親子関係の希薄さがあげられる。また，過剰な期待や過
干渉も要因と考えられる。学校では，教師と児童生徒の人間関係，児童生徒同
士の人間関係，日々の多くのストレスなどがあげられる。また，SNS（ソーシ
ャル・ネットワーキング・サービス）を悪用する事態も起こっており，情報技術
の発達や社会の流行や風潮も要因と考えられる。

　以上のように問題行動が起こる要因はさまざまであるが，実際にはそれらが

複雑に絡み合っていて，限定することは困難である。このため原因を究明するよりは，解決に焦点を当てる方が現実的な場合がある。

第3節　問題行動の早期発見の方法

1　問題行動のサイン

　児童生徒の問題行動を早期に発見するためには，問題行動につながるサインを見逃さないことである。教師は，児童生徒の発するこのサインにいかに気づくかが大切になる。表6-3は，児童生徒の発する問題行動のサインをまとめたものである。それは，①服装，②言葉遣い，③友人関係・人間関係，④学級・

表6-3　児童生徒の発する問題行動のサインチェックリスト

①服装など
□髪型，服装などに気を配り，特異が目立つようになる。
□学校のきまりを守らなくても平気になる。

②言葉遣い
□保護者や教員の指導に対して，言い逃れ，うそ，反抗，無視がある。
□投げやりで乱暴になる。下品な言葉や児童生徒が通常使わない言葉を遣う。

③友人関係・人間関係
□急に人間関係が変わり，孤立する。
□遊び仲間との時間が多くなり，頻繁に連絡する。
□性に関する関心が強くなり，異性に対してことさら目立つ言動をする。

④学級・ホームルーム・授業中などの態度
□無断欠席，遅刻，早退が多くなる。
□夜遊びや深夜のテレビ・ゲームなどで，授業中に居眠りが多くなる。
□勝手に違う席に座っている。
□教員の指示に従わず，私語を繰り返す。
□携帯電話が鳴り，急いで教室を出る場合がある。
□顔色が悪く元気がなく，無力感が感じられる。また，目線が一定でなく常に他人を気にしてしまう。
□学級での役割を平気でさぼる。学校行事に参加しない。

⑤持ち物
□タバコを持っている。
□教科書を持たずにいても平気である。
□漫画，化粧品を学校に持ってくる。菓子などを教室などで食べている。
□高額なお金を持っている。金遣いが荒くなる。他人に食べ物などをおごったり，逆におごられたりする場面が多くなる。

⑥家庭
□食欲がないと言って朝食をとらずに学校に行く。
□夜間外出が多くなる。帰宅時間が遅くなる。
□顔や体に傷やあざがある。

（出典：文部科学省　2010　生徒指導提要）

ホームルーム・授業中などの態度，⑤持ち物，⑥家庭の内容で，各項目をチェックできるようになっている。ただ，これはあくまで目安であり，ただちに問題行動につながると判断するのではなく，問題行動につながる前兆であるかもしれないと認識すべきである。

2　観察

問題行動のサインに気づくために，日ごろから児童生徒をよく観察することが大切である。中学校や高等学校では，日ごろから生徒と接する機会が多い学級担任・ホームルーム担任以外に，教科担任，部活動の顧問も生徒とのかかわりが深いため，観察を怠らず問題行動の早期発見に努める必要がある。教師は，当該児童生徒の理解を深めるために注意深く観察することが大切である。

3　面接

基本的には学級担任・ホームルーム担任が個人面接を行うことにより，児童生徒の悩みや問題の解決を指導・援助していく。集団面接で，集団の力を活用していくことも有効である。また，ケースによっては教科担任，部活動顧問による面接も有効であり，複数の教師の助けを借りることも視野に入れる必要がある。

4　質問紙調査

質問紙調査は，一度に多数の意見が得られ，個別に相談しづらい児童生徒にとっては回答しやすいという利点があげられる。学習面，生活面，家庭環境や交友関係，悩みや不安，いじめなどの内容について回答してもらうことによって，児童生徒の実態を把握できる。毎年実施することによって，以前の内容と比較検討することができ，児童生徒の変化がわかる。そのためにも結果の整理，保管も大切になってくる。

5　教職員間の情報交換

児童生徒を理解するには，一人の教師だけでは限界がある。教科担任や部活動顧問など複数の関係者から意見を聞くことによって，多面的に児童生徒を理

第6章　問題行動　73

解することができる。

6　保護者との懇談
　保護者からの情報は，学校ではみせない児童生徒の姿がみえてくることもあり，貴重である。家庭でのしつけや教育の場で依頼したいことなどを理解してもらい，学校と家庭の協働体制をとることが大切である。

7　関係機関・地域とのネットワーク
　問題行動は，継続して起こっている場合や地域性をもつ場合がある。小学校・中学校・高等学校など学校間での情報交換や，警察などの関係機関や地域社会と連携しておくことは，問題行動の早期発見や未然防止を図ることができる。

第4節　効果的な指導方法

1　問題行動の事実確認
　学校は問題行動を起こした児童生徒に対し，毅然とした指導をしなければならない。まずは，実態を把握するために迅速に当該児童生徒に事実確認をすることが大切である。このときに，いつ，どこで，誰が，どのようにして，どのような理由で，何をしたのかについて把握するとよい。正確に事実やその背景を把握することによって，他の教師の理解を得ることができ，指導方針が決まってくる。校内での指導や，家庭への連絡，関係機関との連携などの措置をとらなければならない。

2　指導方針の確立
　指導方針を決めるに当たって，問題行動の原因や背景を分析して計画を立て，組織的に指導することを心がける。指導に当たっては，当該児童生徒の発達段階，健康状態，人間関係などの状況を踏まえたうえで，指導する担当者，場所，時間，内容を決めていく。学級担任が一人で責任を感じ，問題をかかえ込むのではなく，学年主任や生徒指導主任，カウンセラーなど多くの教師や関

係者の協力を得て指導することが大切である。

　また，児童生徒が自ら反省し，今後に向け希望や目標がもてるように指導していくことが望まれる。図6-2は，特別な指導をする場合の流れをまとめたものである。

3　保護者への説明と外部諸機関との連携

　児童生徒に問題行動があった場合は，問題行動の事実関係や経緯，背景，指導内容などを保護者に説明し，理解を求めておくことが望ましい。もし，不満や反論があれば十分に意見を聞かなければならない。そして，児童生徒が充実した学校生活を送られるように，学校，家庭では何をすべきか，どのようにすべきかをともに考え，それぞれの役割を果たしていくことが大切である。

　また，ケースによっては地域の関係諸機関の協力も必要になってくる。主な相談機関を表6-4にまとめた。また，内閣府は，社会生活を円滑に営むうえでの困難を有する子ども・若者に対し，地域の関係機関が連携して支援するネットワークである「子ども・若者支援地域協議会」の設置を促進している。そこでは，複合的な課題をかかえた相談者をどの支援機関につなぐかなどの連携をとってくれる。教育と福祉や保健，医療，各省庁，更生保護などの諸機関と連携しながら問題解決に向かうことが，児童生徒のより好ましい発達につながる。

第5節　問題行動の予防策

　問題行動を未然に防止するためには，児童生徒の心に「自己肯定感」「自己統制力」「耐性」を育み，お互いをより理解するためにコミュニケーションの機会を増やすことが必要である。「自己統制力」は英語のセルフコントロールのことである，自分の感情や欲求を自分で制御し，自分の行動を正しい方向に向かわせるとくに大切な能力である。そして，それらは生徒指導でめざす自己指導力の育成ということにつながってくる。教師は，心を育む生徒指導をどのように進めていけばよいのかを追究しなければならない。

　坂本昇一は，児童生徒の自己指導力を育成するために大切な3つのことを述べている。それは，「自己決定の場を与える」「自己存在感を与える」「人間的

第 6 章　問題行動　75

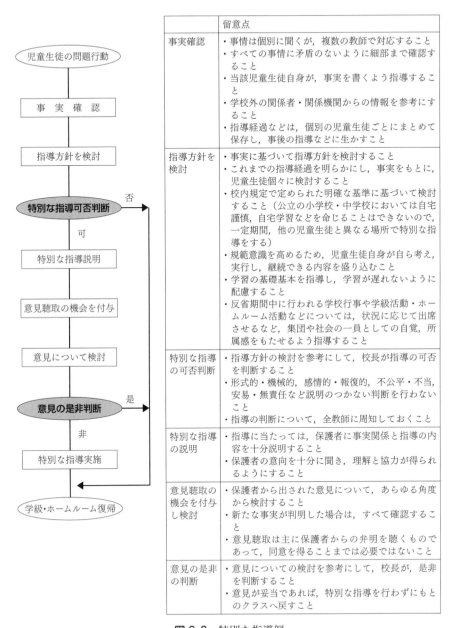

図 6-2　特別な指導例
（出典：文部科学省　2010　生徒指導提要　より抜粋）

表6-4　主な青少年相談機関の概要

機関名，所管省庁	機関の業務
青少年センター 内閣府	ア．相談活動　イ．街頭補導　ウ．環境浄化活動　エ．学習支援，その他の立ち直り支援　オ．就労支援　カ．広報啓発
消費生活センター 消費者庁	ア．消費生活相談に関する相談の受付等
都道府県警察本部・警察署 警察庁	ア．少年相談 イ．非行防止教室等の情報発信活動 ウ．非行少年，不良行為少年の発見・補導 エ．被害少年の発見，保護，支援 オ．要保護少年の発見，保護，通告 カ．環境浄化活動 キ．少年の社会参加活動，スポーツ活動 ク．その他（犯罪捜査等）
少年鑑別所 法務省	ア．少年鑑別所在所者の観護処遇　イ．鑑別対象者の鑑別　ウ．地域社会における非行及び犯罪の防止に関する援助
保護観察所 法務省	ア．保護観察の実施　イ．地域住民の犯罪予防活動の促進　ウ．矯正施設収容中の者の生活環境の調整，応急の救護及び更生緊急保護　エ．犯罪被害者等の支援など
法務局及び地方法務局 法務省 （人権擁護局調査救済課）	人権問題についての相談を受け，これに対して，相談者の問題解決 に資するため，助言，官公署その他の機関への通報，日本司法支援センターへの紹介等の必要な措置をとる。
教育相談機関 文部科学省	教員研修，専門的研究，教育相談等の活動を行う。
地域若者サポートステーション 厚生労働省	ニート等の若者の自立を支援するため，若者の置かれた状況に応じた専門的な相談，地域の若者支援機関のネットワークを活用した誘導 等により，多様な就労支援メニューを提供する。
勤労青少年ホーム 厚生労働省	勤労青少年に対して，各種の相談に応じ，必要な指導を行うとともにレクリエーション，クラブ活動その他勤労の余暇に行われる活動のための便宜を供与している。
家庭児童相談室 厚生労働省	家庭児童相談室においては，福祉事務所が行う児童福祉に関する業務のうち，専門的技術を必要とする業務を行う。
児童相談所 厚生労働省	一般家庭から児童に関する各般の問題について相談を受け，必要に応じて専門的な調査，判定を行った上，個々の児童や保護者の指導をし，かつ，児童福祉施設等の入所措置を行う。また，児童の一時保護を行う。
児童家庭支援センター 厚生労働省	地域の児童の福祉に関する各般の問題につき相談に応じ，必要な助言を行う。 児童相談所からの受託による指導及び関係機関等の連携・連絡調整を行う。
精神保健福祉センター 厚生労働省	地方における精神保健福祉に関する知識の普及，調査研究及び相談指導事業等を行う。

（出典：内閣府　2016　平成28年版 子供・若者白書　より抜粋）

ふれあいを基盤とする」である。自らの行動を自分で選択する自由を与え，自ら決断した行動に対して責任をとらせ，価値ある存在であるということを実感させ，自己開示により人間的弱さや課題を共有し合う指導が必要になるということである。さらに，教師が児童生徒一人ひとりをかけがえのない存在としてとらえ，一人ひとりを大切に思って指導すること，創意工夫を生かし豊かな教育活動を展開すること，生命の尊重についての指導を徹底することなども児童生徒の問題行動の防止に役立つはずである。

●参考文献 ————————————————————————————
坂本昇一　1999　生徒指導が機能する教科・体験・総合的学習　文教書院
文部科学省　2011　生徒指導提要　教育図書
内閣府　2016　平成28年版 子供・若者白書

第7章　暴力行為

第1節　暴力行為とは

　2016（平成28）年5月，兵庫県内の公立中学校において，3年生の生徒が担任教師への暴行容疑で現行犯逮捕された。教室を清掃中，担任教師が掃除をしないことを注意したところ立腹し，当該生徒が担任教師の両足と腹部を計4回蹴ったという。

　目まぐるしく変動する学校教育現場において，時代を問わず注目を集め続けているのが暴力行為の問題である。学校教育現場における暴力行為は，上記の事件のように児童生徒が教師に対して行う暴力から，児童生徒間でいじめに発展する暴力，そして近年再び大きく報道されている指導者から児童生徒への体罰まで，その様態は広範囲に及んでいる。ここでは，現代の児童生徒を取り巻くさまざまな環境において発生する暴力行為について，その定義や背景，そして教師が求められる対応やその予防について考える。

1　暴力の定義

　広辞苑第六版によると，暴力とは「乱暴な力。無法な力。なぐる・けるなど，相手の身体に害をおよぼすような不当な力や行為」とされている。暴力は，特定の攻撃対象に対して合法性も正当性もない強制的な力を行使することであり，個々の社会的枠組みのなかで，人間関係に多大な悪影響を及ぼす。近年では，モラルハラスメントなどのことばに代表されるように，ことばや態度による精神的な暴力もその概念に含まれることがある。

2　暴力行為の背景

　私たちは，誰しもが攻撃性を内に秘めており，日常的に憎しみや怒りといっ

た感情の生起を経験することがある。その攻撃性は，何かしらのきっかけによって暴力というかたちで表面化し，他者を傷つけてしまうこともある。それでは，暴力行為の背景にはどのようなことが考えられるのであろうか。

暴力行為の背景には，学校や家庭，社会的状況といった外的要因や，暴力行為を起こす側のパーソナリティ・発達・学習などの内的要因が，事例ごとに複合的あるいは相互作用的に影響していることが考えられる。この問題を考える手がかりとして，ここでは主に攻撃行動に関連する心理学研究の知見を紹介する。

(1) フラストレーション

フラストレーションは，欲求不満と訳される。ある特定の欲求が生じると，それに対する目標の設定や行動の実行，そしてそれに伴う報酬や罰が後の行動に影響を及ぼす。個人のなかで生じた欲求が満たされない場合，心理的には不快な緊張状態となり，それが攻撃行動に結びつくことがある。フラストレーションが生じるような状況を欲求阻止状況といい，その際の心理的状態を欲求不満状態という。同じ欲求阻止状況を体験したとしても，欲求不満状態は個人によって異なり，その個人差にはフラストレーション耐性が関係している。フラストレーション耐性とは，欲求阻止状況においてどの程度耐えることができるかを指し，これが低いとフラストレーションに耐えることができず，不快な緊張状態とともに攻撃行動が引き起こされることがある。フラストレーション耐性は，発達過程における適度な欲求不満状態の経験と適切な対処行動の学習によって育まれる。

(2) ストレス

現代の複雑化した社会において，ストレスがまったくない生活を送ることはありえない。ラザルスとフォルクマンによる心理学的ストレスモデル（図7-1）では，「認知的評価」と「コーピング（対処）」が重要視されている。認知的評価は，ストレスの原因（ス

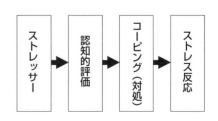

図7-1　心理学的ストレスモデル
(出典：Lazarus, R. S. & Folkman, S. 1984 Stress appraisal and coping)

トレッサー）が自分にどのような影響を与え，どのように制御・対処すること
ができるのかを環境との相互作用のなかで評価する過程である。

　コーピングとは，ストレッサーに対して個人が行う処理である。気晴らしを
する，考えないようにするといった情動中心型コーピングと，情報を集めて立
ち向かう，誰かに相談して解決策を練るなどの問題中心型コーピングに分けら
れる。これらの認知的評価やコーピングの違いによって，ストレッサーに対す
るストレス反応の個人差が説明される。たとえば，ストレス事態に対して能動
的に取り組む意欲があり，実際的な問題解決を行うことができる者は，そうで
ない者に比べ怒りや不安が生じにくく，攻撃行動が抑制されると考えられる。
認知的評価とコーピングには，教師や家族からの援助のようなソーシャルサポ
ートも強く影響することが知られている。

（3）モデリング

　バンデューラは，他者の行動を観察することで攻撃行動が学習されることを
明らかにした。バンデューラの実験では，人形に暴力行為を行った女性が報酬
を得るビデオと，逆に罰を受けるビデオを別の子どもに視聴させた。そして後
に攻撃的な模倣行動が行われるかを観察したところ，両群ともにその頻度は高
まったが，報酬を得たビデオを見た子どもたちの方がより多くの攻撃行動がみ
られた。このことは，他者の行動を観察しモデルにすることで特定の反応を生
起させることから，モデリングとよばれる。

　バンデューラの研究は，家庭内において実際に暴力行動を目撃することや，
メディアを媒介とした架空の攻撃行動を視聴することで，子どもたちが攻撃行
動を学習していることを示唆している。たとえば面前のドメスティック・バイ
オレンス（DV）のように，父親が母親または子どもに暴力をふるっているの
をみた場合，それにより自身の暴力行動を助長させる可能性も考えられる。

　現在，テレビや映画などのマスメディアによる暴力的な映像が，子どもたち
の攻撃行動に悪影響を及ぼすことも考えられる。近年ではインターネットの普
及により，従来の受動的な情報の受信だけでなく，より能動的に情報の取捨選
択が行われるようになった。このことは，攻撃行動のモデリングがより選択的
かつ効率的に行われる可能性があることを示しており，教師をはじめ子どもの
周囲のおとなたちは十分に注意する必要がある。

第2節 校内暴力

1 校内暴力とは

文部科学省が毎年実施している「児童生徒の問題行動等生徒指導上の諸問題に関する調査」では，「暴力行為」とは，「自校の児童生徒が，故意に有形力（目に見える物理的な力）を加える行為」と定義される。ここでの暴力行為は，被暴力の対象によって，以下の4つに分類される。

①対教師暴力　教師に対して殴る蹴る，物を投げつけるなどの暴力行為を行うことである。教師に限らず，用務員などの学校職員も含んでいる。

②生徒間暴力　教室内で同級生とけんかになり殴り合う，部活動で上級生が下級生をたたくなど，児童生徒間で行われる暴力である。

③対人暴力　下校中に地域の住民に危害を加えたり，他校の生徒とけんかになり怪我を負わせたりするなど，教師および生徒間暴力以外に，行われる暴力である。

④器物損壊　学校の窓ガラスを割る，体育用具を壊す，壁にスプレーで落書きをするなどの行為を行うことである。

2 校内暴力の現状

文部科学省による平成27年度「児童生徒の問題行動等生徒指導上の諸問題に関する調査」（確定値）では，小・中・高等学校における暴力行為の発生件数は5万6,806件であり，「対教師暴力」は8,212件，「生徒間暴力」は3万6,105件，「対人暴力」は1,401件，「器物損壊」は1万1,088件であった。また，児童生徒1,000人当たりの発生件数は4.2件であった。

図7-2に，学校の管理下・管理下以外における暴力行為発生件数の推移を示した。このグラフでは，発生件数の合計は，調査対象に国私立学校も含められた2006（平成18）年度から毎年増加し，2009（平成21）年度をピークにほぼ横ばいの数字をたどっている。学校別にみると，どの年度も中学校が最も多い。しかし中学校と高等学校が年々わずかながら減少しているのとは反対に，小学校の件数は年々増加し，2015（平成27）年度は過去最多の1万7,078件であった。

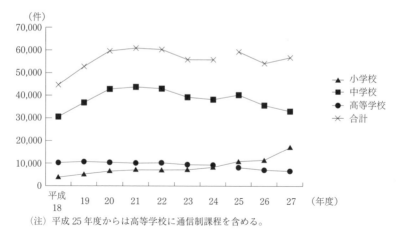

図7-2 学校の管理下・管理下以外における暴力行為発生件数の推移
(出典：文部科学省　2017　平成27年度児童生徒の問題行動等生徒指導上の諸問題に関する調査（確定値）より作成)

3　校内暴力の予防と対応

　校内暴力の予防と対応のために，現場の教師にはどのようなことが求められているのだろうか。

　文部科学省の「生徒指導提要」(2010)では，暴力行為の予防に向けた取り組みとして，「学校においてもいかなる理由からも認められないし絶対に許されない行為である」と暴力を明確に否定し，「暴力は人権の侵害でもあり人権尊重の精神に反する」との認識を全教職員が共有することが必要不可欠であると指摘している。そして，「教職員の毅然とした対応や解決に向けた粘り強い姿勢が求められるとともに，場合によっては出席停止などの措置が必要となる」と述べられている。また，指導基準を明確化し，教員間の協力体制を整えること，教員が法律や教育相談の技法などを学び，個々の事案に応じた児童生徒の多面的・客観的理解をすること，規範意識を育成し自分を律していく力と判断する力を身につけることが重要であるとしている。

　校内暴力には，発達障害を背景としたものも少なくない。発達障害はそれぞれの症状によって，かかえる問題も多様である。障害に対する困難さが適切に対処されない場合，二次的症状として暴力行為が行われることもある。その際

は，生徒指導・教育相談担当者や特別支援コーディネーターなどと協力すると同時に，専門家や関係者など学外との連携を行いながら，個別の課題を明確にし，計画的な対処を行う必要がある。

　暴力行為が発生した場合は，迅速かつ適正な対応が求められる。この対応について，「生徒指導提要」では以下の項目があげられている。

---

①緊急性や軽重などを判断した迅速な対応（複数の教職員による対応）

②当事者（加害者と被害者）への対応と援助，周囲への指導

③正確な事実関係の把握

④指導方針の決定

⑤役割分担による指導と対応策の周知

⑥保護者，PTA，関係機関等との連携

　児童生徒の暴力行為などの性行不良が，他の児童生徒の教育に妨げがあると認められる場合，市町村教育委員会は保護者に対して当該の児童生徒の出席停止を命じることができる（学校教育法第35条，第49条）。出席停止制度は，学校の秩序を維持し，他の児童生徒の義務教育を受ける権利を保障するという観点から設けられている。学校が繰り返し指導を行っても改善がみられず，教育環境の正常化が必要な場合には，この出席停止の検討もやむをえない。

第3節　家庭内暴力

1　家庭内暴力とは

　家庭内暴力とは，家庭のなかで行われる暴力行為である。主に思春期の子どもが家族に対して行う暴力を指し，家庭内で起こる暴力でも，親から子への児童虐待や，配偶者からのDVとは区別されることが多い。家庭内暴力では，以下の行為が単発的あるいは同時に行われる。

①身体への暴力　親を殴る，蹴る，物を投げつける，刃物で傷つけるなど

②物への暴力　家の壁や家具やドアなどを壊す，火をつけるなど

③ことばの暴力　家族に対して罵詈雑言を浴びせるなど

これらの暴力は，軽微なものから始まり次第にエスカレートしていく。強力な暴力により家族を従順にさせるケースや，殺害にいたってしまうケースもある。

2　家庭内暴力の現状

警察庁の「平成28年中における少年の補導及び保護の概況」によると，少年による家庭内暴力はこの10年で倍増しており，2007（平成19）年が1,213件であるのに対し，2016（平成28）年では2,676件となった（表7-1）。なかでも中学生によるものが最も多く（1,277件，47.7%），その対象は母親であることが最も多かった（1,658件，62.0%）。また原因は，「しつけ等親の態度に反発して（1,721件，64.3%）」が最も多く，次に「物品の購入要求が受け入れられず（335件，12.5%）」，「理由もなく（231件，8.6%）」が続いた。

表 7-1　少年による家庭内暴力の学識別，対象別，原因・動機別件数の推移

	年	19年	20年	21年	22年	23年	24年	25年	26年	27年	28年
	総数（件）	1,213	1,280	1,181	1,484	1,470	1,625	1,806	2,091	2,531	2,676
学識	小学生	67	66	73	87	93	110	122	168	269	285
	中学生	534	548	506	684	667	720	805	947	1,132	1,277
	高校生	363	407	356	436	446	486	579	648	758	766
	その他の学生	32	29	26	39	40	44	41	55	80	70
	有職少年	53	57	64	50	38	63	83	102	99	114
	無職少年	164	173	156	188	186	202	176	171	193	164
対象	母親	730	766	684	889	913	935	1,066	1,291	1,484	1,658
	父親	84	115	111	134	115	152	154	172	263	253
	兄弟姉妹	86	95	87	96	95	119	154	155	223	218
	同居の親族	137	115	121	142	121	122	128	188	170	175
	物（家財道具等）	162	189	178	223	215	291	296	281	375	362
	その他	14	0	0	0	11	6	8	4	16	10
原因・動機	しつけ等親の態度に反発して	644	717	665	904	881	989	1,155	1,304	1,636	1,721
	非行をとがめられて	73	46	66	46	53	81	89	92	96	97
	物品の購入要求が受け入れられず	145	155	143	175	160	169	168	261	225	335
	理由もなく	121	138	138	200	172	200	160	192	261	231
	勉強をうるさくいわれて	34	36	38	37	29	47	47	67	104	100
	不明	196	188	131	122	175	139	187	175	209	192

（出典：警察庁　平成28年中における少年の補導及び保護の概況　より作成）

3 家庭内暴力の予防と対応

　家庭内暴力は，家庭という介入の難しい場で行われるため，教師がすることのできる予防・対応策は限定されたものになってしまう。しかし，教師は学校において，円滑な人間関係の構築や集団生活のルールを指導するとともに，保護者と十分に連携し，家庭内で暴力が発生した場合の連絡先あるいは相談先を確認しておく必要がある。学校内での言動などから精神疾患が疑われる場合は，専門機関への受診をうながすことが求められる。また，家庭内暴力を行う児童生徒の攻撃性を，たとえばスポーツや芸術や趣味などへ没頭することに向けさせることも有効な方法であると考えられる。

第4節　体罰

1 懲戒と体罰

　近年，学校教育の現場で行われる暴力のなかでも，教師（あるいは指導者）から生徒に対する「体罰」が大きな社会問題となっている。学校教育法第11条では，「校長及び教員は，教育上必要があると認めるときは，文部科学大臣の定めるところにより，児童，生徒及び学生に懲戒を加えることができる。ただし，体罰を加えることはできない」としている。このように，懲戒と体罰は法的に区別されており，体罰はどのような場合であっても禁止されている。文部科学省による「体罰の禁止及び児童生徒理解に基づく指導の徹底について（通知）」（2013）では，懲戒と体罰の区別について，以下のように示している。

---

　(1) 教員等が児童生徒に対して行った懲戒行為が体罰に当たるかどうかは，当該児童生徒の年齢，健康，心身の発達状況，当該行為が行われた場所的及び時間的環境，懲戒の態様等の諸条件を総合的に考え，個々の事案ごとに判断する必要がある。この際，単に，懲戒行為をした教員等や，懲戒行為を受けた児童生徒・保護者の主観のみにより判断するのではなく，諸条件を客観的に考慮して判断すべきである。

　(2) (1) により，その懲戒の内容が身体的性質のもの，すなわち，身体に対する侵害を内容とするもの（殴る，蹴る等），児童生徒に肉体的苦

痛を与えるようなもの（正座・直立等特定の姿勢を長時間にわたって保
持させる等）に当たると判断された場合は，体罰に該当する。

2 体罰の現状

　文部科学省による「体罰の実態把握について（平成27年度）」によると，体
罰の発生率が最も多い学校は高等学校の5.36%で，次いで中学校の3.21%で
あった（表7-2）。また，体罰の被害を受けた児童生徒数は，中学校と高等学校
が0.02%であり，ほぼ同率であった（表7-3）。また，同調査では，体罰時の状
況も集計しており，中学校と高等学校において体罰が発生する場面は，授業中
（中学校：29.1%，高等学校：31.3%）と部活動（中学校：25.8%，高等学校：34.0%）
が多いという結果になった。

　藤田主一らによって行われた，「体罰・暴力における体育専攻学生の意識と
実態」（2014）の調査において，高等学校時代に体罰を受けたかどうかを聞い

表 7-2 平成27年度における体罰発生学校数（国公私立）

	発生学校数 A	学校数 B	発生率（A/B）
小学校	195 校	20,601 校	0.95%
中学校	337 校	10,484 校	3.21%
高等学校	270 校	5,039 校	5.36%
中等教育学校	1 校	52 校	1.92%
特別支援学校	20 校	1,114 校	1.80%
合計	823 校	37,290 校	2.21%

（出典：文部科学省　2016　体罰の実態把握について（平成27年度）より作成）

表 7-3 平成27年度において体罰の被害を受けた児童生徒数（国公私立）

	被害児童生徒 A	児童生徒数 B	発生率（A/B）
小学校	334 人	6,543,104 人	0.01%
中学校	695 人	3,465,215 人	0.02%
高等学校	642 人	3,499,507 人	0.02%
中等教育学校	1 人	32,317 人	0.00%
特別支援学校	27 人	136,395 人	0.02%
合計	1,699 人	13,676,538 人	0.01%

（出典：文部科学省　2016　体罰の実態把握について（平成27年度）より作成）

たところ，約1割の学生が「受けたことがある」と回答し，その大半は部活動においてであった。先述の文部科学省による調査と比べると，藤田らの調査の方が，体罰を受けた生徒の割合が高くなっている。このことは，文部科学省の調査が単年度集計であることを鑑みても，運動部に所属しスポーツを行う生徒が体罰を受ける頻度が高いことを示している。また，文部科学省の調査は，平成27年度に処分などが行われたものが対象となっているのに対し，藤田らの調査は実際に体罰を受けたことのある大学生からの回答であるため，その実数が多くなっている。これは，体罰に対する処分が行われ集計された文部科学省の調査結果は氷山の一角であり，その背後に相当数の体罰事例が存在していることを示している。

3　体罰の背景

　体罰の背景には，先に暴力行為の心理的背景としてあげたフラストレーション，ストレス，モデリングや，個人・環境など複雑な要因が考えられる。しかし，教師（指導者）や先輩から行われるという図式において，体罰が校内暴力や家庭内暴力と大きく異なるのは，受けた側が体罰に対する肯定的な態度をもつことがあるということである。通常の暴力では，暴力を受けた側の多くは身体的あるいは精神的苦痛を伴うが，体罰では「必要な体罰であった」「体罰があったから試合に勝てた」など，体罰そのものを肯定的にとらえ，受け入れる場合があることが知られている。そしてその傾向は，体罰を受けたことがない者に比べ，受けたことがある者の方がより顕著になる。このことは，体罰を受けた者が体罰に肯定的な態度をもち，その後，自らが指導者となったときに体罰を遂行してしまう可能性があることを示している。これは，いわば体罰の悪循環であり，現在行われる体罰が将来の体罰事件につながることにもなりかねない。

4　体罰根絶のために

　上述のように，体罰をしてしまう背景には体罰を容認する態度が新たな体罰を生むという悪循環が考えられ，体罰根絶のためにはこの悪循環を断ち切る必要がある。そのためには，教師（指導者）は，体罰がいかなる場合においても

許されない行為であること，体罰と懲戒の区別について徹底的に理解するよう努めるべきであり，教育委員会や学校は，児童生徒からの体罰の相談体制を確立し，体罰への処分基準を厳格化することが重要である。そして，特定の教職員のみがかかえ込まないよう，組織的な指導体制を整える必要がある。また，スポーツの指導者は，熱心な指導とは体罰することではなく，体罰は勝利のために不必要であるという認識を共有し，科学的な方法論に依拠した指導を行っていかなくてはならない。

●参考文献

日本児童研究所（監）　1985　児童心理学の進歩 1985 年版　金子書房
日本生徒指導学会（編著）　2015　現代生徒指導論　学事出版
藤田主一・浮谷秀一（編）　2015　現代社会と応用心理学 1　クローズアップ「学校」　福村出版
文部科学省　2010　生徒指導提要
文部科学省　2013　体罰の禁止及び児童生徒理解に基づく指導の徹底について（通知）
文部科学省　2016　体罰の実態把握について（平成 27 年度）
文部科学省　2017　平成 27 年度児童生徒の問題行動等生徒指導上の諸問題に関する調査（確定値）

第8章 いじめ

　いじめ問題は，心豊かで安全・安心な社会をいかにしてつくるかという学校を含めた社会全体に関する国民的な課題であり，いじめ問題への対応は，学校における最重要課題の1つである。いじめは，どの学校にも起こりうるとの認識のうえで，学校や家庭，地域，教育委員会，その他の関係機関の連携のもとで対応を行わなければならない。

第1節　いじめのとらえ方

1　いじめの定義の変遷

　文部科学省によるいじめの定義が変更された背景には，子どもがいじめを苦に自殺した事案がかかわっている。いじめが大きな社会問題となるたびに，いじめのとらえ方の課題を踏まえて，その定義が広範囲なものに修正されてきた。

(1) 2005 (平成17) 年まで

　自分より弱い者に対して一方的に，身体的・心理的な攻撃を継続的に加え，相手が深刻な苦痛を感じているもの。なお，起こった場所は学校の内外を問わない。また，個々の行為が「いじめ」に当たるか否かの判断を表面的・形式的に行うことなく，いじめられた児童生徒の立場に立って行う。

(2) 2006 (平成18) 年から

　当該児童生徒が，一定の人間関係のある者から，心理的，物理的な攻撃を受けたことにより，精神的な苦痛を感じているもの。なお，起こった場所は学校の内外を問わない。個々の行為が「いじめ」に当たるか否かの判断は，表面的・形式的に行うことなく，いじめられた児童生徒の立場に立って行うものとする。

(3) 2013 (平成25) 年「いじめ防止対策推進法」による定義

　児童生徒に対して，当該児童生徒が在籍する学校に在籍しているなど当該児

童生徒と一定の人的関係にある他の児童生徒が行う心理的または物理的な影響を与える行為（インターネットを通じて行われるものを含む）であって，当該行為の対象となった児童生徒が心身の苦痛を感じているもの。なお，起こった場所は学校の内外を問わない。

2　いじめの区別（図8-1）

（1）暴力

暴行罪や傷害罪，恐喝罪，器物損壊罪など，既存の刑法で禁じられている行為である。

（2）暴力を伴ういじめ

刑法に触れるほどではなくとも，相手に不安や恐怖感，不快感などを与える「物理的な力を行使する行為」である。たとえば，行く手に立ちふさがる，靴や鞄を隠す，持ち物に落書きをする，殴るまねをしたり，殴ってやると口にしたりするなどである。

（3）暴力を伴わないいじめ

「暴力」や「暴力を伴ういじめ」とは異なる方法で心の苦痛を与える行為である。たとえば，悪口，冷やかし，からかい，噂を広める，仲間外し，無視などである。

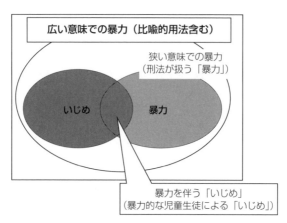

図8-1　いじめと暴力

（出典：国立教育政策研究所生徒指導・進路指導研究センターで作成した調査研究報告書より）

第2節　いじめ発生の背景

1　いじめの構造について

　いじめは，いじめを行う子どもといじめを受ける子どもの対立構造のようにみえることもあるが，実際には，これらを取り巻く「観衆」や「傍観者」という立場の子どもが存在していることがある。したがって，いじめを被害者対加害者という単純な対立構造としてとらえるのではなく，集団全体，さらにその背景にある親子関係や地域社会も視野に入れることが重要である。

（1）小集団と大集団

　図8-2は，小集団と大集団におけるいじめの構造の違いについて説明したものである。

小集団

いじめられている側は小集団に属している。いじめられている側は一人であり，同じ集団に属している場合と小集団の外にいる場合がある。

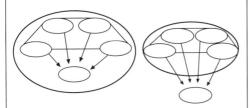

とくに小集団内のいじめの場合，いじめられている子どもは，自分の仲間からいじめられたことの打撃が大きい。一見逃げられそうだが，集団がもつ閉鎖性から逃げられない状況がある。

大集団

いじめている側が多数であり，学級の大半や学年に及ぶ。周囲でいじめを容認している子どもを含む。

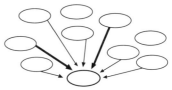

大集団におけるいじめは，大勢の周囲にいる子どもを巻き込む。いじめられている子どもにとっては，自分のいる場を失い，絶望感や無力感が生じやすい。

図8-2　いじめ発生の背景

(2) 四層（重層）構造

図8-3に，いじめの被害者と加害者，その周囲の子どもたち，親子関係や地域社会を視野に入れた構造についてまとめた。

〈いじめは基本的人権の侵害〉

仲間外し，身体への攻撃，嫌がることをする（させる）など，一定の人間関係のある者から，心理的・物理的な影響を受けたことにより，精神的な苦痛をかんじるものがいじめである。いじめは人間の尊厳を傷つける重大な人権侵害である。

A：いじめられている子ども（主に一人）
B：いじめている子ども（複数が多い）
C：実際には手出しはしないが，見てはやしてる子ども
D：「かかわりたくない」「仕返しが怖い」などの理由から，見てみぬふりをする子ども

CやDの立場の子どもがいじめを助長している。この立場の子どもにもいじめに加担しているという自覚をもたせることが大切である。

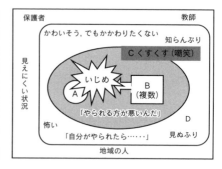

図8-3　いじめの構造

2　いじめの理解

いじめの代表的な行為は，からかいやいじわる，いたずらや嫌がらせ，陰口や無視などの「暴力を伴わないいじめ」であり，激しい暴行や侵害を伴うものは例外的である。個々のトラブルの行為だけをみれば，好ましいものではないが，「ささいなこと」「日常的によくあるトラブル」という点が特徴である。

(1) いじめの認知について留意すべき点

①初期段階のいじめや，ごく短期間のうちに解消したいじめの事案（解消したからといっていじめが発生しなかったことになるものではない）についても，漏れなく認知件数に計上する。

②対人関係のトラブルととらえていた事例のなかに，いじめがあった可能性を踏まえ，慎重に確認する。

③アンケート調査や個別面談などにおけるいじめを受けたことへの申し出は，重く受け止め，いじめの定義に従い適切に判断する。

（2）いじめの態様

　個々の行為が「いじめ」に当たるか否かの判断は，表面的・形式的にすることなく，いじめられた児童生徒の立場に立つことが必要である。以下に，具体的な態様を示す。

　①冷やかしやからかい，嫌なことを言われる。

　②身体的な特徴について言われる。

　③性的マイノリティにかかわる差別的なことばでよばれる。

　④仲間外れ，集団から無視される。

　⑤軽くぶつかられたり，遊ぶふりして叩かれたり，蹴られたりする。

　⑥ひどくぶつかられたり，叩かれたり，蹴られたりする。

　⑦金品をたかられる。

　⑧金品を隠されたり，盗まれたり，壊されたり，捨てられたりする。

　⑨嫌なことや恥ずかしいこと，危険なことをされたり，させられたりする。

　⑩パソコンや携帯電話等で，誹謗中傷や嫌なことをされる。　など

第3節　いじめの予防

1　いじめの未然防止

　いじめは，どの児童生徒にも，どの学校にも起こりうることから，この問題にはすべての児童生徒を対象とした未然防止の観点が重要である。そして，一部の児童生徒を想定した取り組みよりも，全員を対象とした取り組みが合理的かつ効果的である。児童生徒が安心でき，自己存在感や充実感を感じられる，そのような「居場所づくり」を提供できる授業づくりや集団づくりが，「いじめを生まない」という未然防止になる。

（1）魅力ある授業の実現

　①児童生徒にとってわかりやすい授業，話し合い学び合う授業などをとおして，児童生徒同士が互いのよさを認め合えるようにする。

　②アクティブラーニングの視点から，深い学び，対話的な学び，主体的な学びの過程を実現する授業を創造する。

（2）いじめ防止のための児童生徒の自主活動の充実

①児童会や生徒会などによるいじめ防止に関する自主的な活動を支援し，自主性・自発性を育成する。

②いじめの未然防止をめざして，児童生徒が自分自身や他者との人間関係について考え，自尊感情を高めるとともに，暴力によらないコミュニケーションの方法を身につけられるようにする。

③関係諸機関との連携体制を深め，インターネット，ソーシャルメディアなどとの上手なつき合い方，注意点などについての授業を行うことにより，児童生徒のネットリテラシーの醸成を図る。

④いじめ防止に向けた児童生徒の取り組みが活発に行われるようにするため，取り組みの推進役を担えるリーダーを育成する（School Buddy 活動の推進）。

2　いじめの早期発見

　いじめの早期発見は，いじめへの迅速かつ適切な対応の前提であり，すべてのおとなが連携・協力し，児童生徒の小さなサインに気づく力を高めていくことが必要である。いじめは，おとなの目につきにくい時間や場所で行われたり，からかいやふざけ合いなどにみえる場合など，おとなが気づきにくく判断しにくいかたちで行われたりすることも認識し，児童生徒の小さな変化をとらえ，理解を深めていくことが大切である。

（1）子どもの心に寄り添う指導と児童生徒理解の推進

①児童生徒の心の健康に関する調査を実施する。

②学校において，性的マイノリティにかかわる対応に関する状況調査を実施する。

③デート DV に関する出前授業の実施や，児童生徒向けデート DV 防止啓発小冊子を配布する。

（2）いじめの早期発見のための取り組みや人的措置

①いじめ防止月間などを設け，いじめの実態調査（学校生活のアンケート）を実施する。

②保護者会などにおいて，子どもの携帯電話やスマートフォンなどの使用に

ついての啓発活動をする。

③スクールカウンセラーやスクールソーシャルワーカーを配置し，教育相談
体制の充実を図る。

第4節　いじめ問題発生時の対応

1　いじめへの早期対応

いじめの情報やいじめの兆候が確認された場合には，いじめを受けている児
童生徒の安全確保をはじめ，再発の防止などを学校で迅速に対応していくこと
が重要である。また，学校は保護者や教育委員会への連絡・相談，状況に応じ
関係機関との連携を速やかに行うことができる協力体制を整える。

（1）学校教育相談体制の充実

①いじめを受けている児童生徒に「先生たちはあなたのことを絶対に守る」
ということを明確に伝える。また，保護者と連携し，登下校時や休み時間
なども含め，二度といじめを起こさせない体制を整える。

②スクールカウンセラーなどとも連携しながら，いじめられている児童生徒
の心の痛みに寄り添い，心のケアに当たる。

③必要に応じて教育相談室や児童相談所，警察などの関係機関や専門家など
と連携して対応する。

（2）いじめを許さない指導の充実

①いじめの兆候がみられたら，すべての教師は「学校全体がこのいじめを注
視し，絶対に許さない」という姿勢を示し，いじめにかかわっている児童
生徒が二度といじめをできないよう環境を整え，指導を徹底する。

②事実関係を詳細に明らかにしたうえで，いじめを受けている児童生徒の気
持ちを大切にしながら，子ども同士の謝罪，保護者への事実関係や今後の
学校の取り組みの説明，保護者同士の話し合いなどを，できるだけ速やか
に実施する。

（3）いじめの定義の正しい理解に基づく確実な認知

①周囲がいじめを傍観することにより，いじめが潜在化し，深刻化すること
がある。いじめを傍観している児童生徒には，見ていること自体がいじめ

ていることと同様であることを指導し理解させる。
② いじめを傍観していることはいけないと理解しても，それを行動に示すには勇気が必要である。児童生徒が，いじめはいけないということを表明し，いじめの防止や解決に向けて具体的に行動できるように，きめ細かく支援・指導する。
③ いじめやいじめの兆候を教師に伝えることは，より早く解決するために必要であることを理解させるとともに，教師は必ずあなたを守るということを繰り返し伝える。

2 いじめの再発防止とそれに従事する人材の確保・資質の向上

いじめられた児童生徒からの情報や，いじめの兆候を確実に受け止め，児童生徒が安心して学校生活を送ることができるようにするため，いじめを受けている児童生徒を組織的に守り通し，再発防止に向けた取り組みを徹底することが重要である（図8-4）。

(1) 教育委員会や関係機関との連携

① 教育相談員やスクールカウンセラーなどとの連絡会を実施するとともに，関係機関や団体との連携・強化を図り，情報交換を密にする。ときには，法律の専門家や精神科医との連携も検討する。
② なぜいじめが起きたのか，どのような背景があったのかなどについて専門家などの助言を受けながら分析し，再発防止策を検討して実施する。二度と学校でいじめを起こさないように，再発防止の取り組みを徹底する。

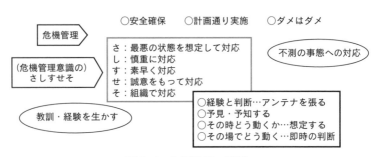

図 8-4　危機管理の鉄則

（2）いじめの対応に従事する人材確保と資質の向上

①スクールカウンセラー，スクールソーシャルワーカーの配置を充実し，いじめに対する対応力を充実させる。

②臨床心理士，スクールソーシャルワーカー，医師，弁護士などによる「教育支援チーム」を構成して，いじめ問題に対応するための体制を組み，学校支援の充実を図る。

③教員研修（管理職研修，生活指導主任研修，教育相談主任研修，初任者等研修など）を実施し，いじめに対する教師の対応力を育成する。

第5節　インターネットを使ったいじめの発見と対応

「ネット上のいじめ」は，ネットがもつ匿名性と簡易性から，発見と指導が困難であることに加え，児童生徒が簡単に被害者にも加害者にもなってしまうこと，短期間に深刻な状態にいたることなどが特徴である。最近では，「ネット上のいじめ」が起因となって，自殺にいたる事件も発生している。

1　「ネット上のいじめ」の特徴

（1）深刻な被害

①不特定多数の者から絶え間なく誹謗中傷が行われ，被害が短期間できわめて深刻なものとなる。また，児童生徒が簡単に被害者にも加害者にもなってしまう。

②インターネット上に掲載された個人情報や画像は，情報の加工が容易にできることから，誹謗中傷の対象として悪用されやすい。また，一度流出した個人情報は，回収することが困難となるとともに，不特定多数の他者からアクセスされる危険性がある。

（2）困難な実態把握

①安易に誹謗中傷の書き込みが行われるが，インターネットのもつ匿名性から，実態の把握が難しい。

②保護者や教師などの身近なおとなが，子どもの携帯電話やスマートフォン

などの利用状況を把握することが難しい。また，子どもの利用している掲示板などを詳細に確認することが困難なため，「ネット上のいじめ」の実態の把握が難しい。

2　未然防止と早期発見の取り組み

（1）校内指導体制と教育相談の充実

①校内の指導体制　「ネット上のいじめ」の未然防止と早期発見には，教職員の共通理解，組織的な指導体制の構築が必要である。

②教育相談の充実　傾聴・共感的理解・受容などの教育相談の基本を大切にして，児童生徒からのサインや情報を確実にキャッチするよう心がける。

（2）発達段階に応じた指導とPTAと連携した啓発活動

①発達段階に応じた指導　「ネット上のいじめ」の危険性を含めた情報モラル教育を計画的に実施する。

②PTAと連携した啓発活動　インターネットや携帯電話，スマートフォンなどの利用に関して，家庭でのルールをつくるよう啓発する。

3　「ネット上のいじめ」が起きた場合への対応の配慮

（1）事態の収拾と被害者対応

①事態の収拾　情報収集と事実を確認し，書き込み削除を要請する。加えて，警察などの関係機関や教育委員会との連携を図る。

②被害者対応　「仕返しが怖い」「プライドを傷つけられたくない」「保護者に心配をかけたくない」などといった被害を受けた児童生徒の傷ついた心を支え，安心感や自分は安全だという気持ちをもたせられるように声かけし，しっかりと話を聞く。

（2）加害者と全児童生徒対応

①加害者対応　教師が絶対的な信頼の対象であることを児童生徒に示すとともに，絶対にやってはいけないという毅然とした態度を貫く。また，行動にいたった原因，加害者の児童生徒がかかえる悩みや問題など，行動の深層にある心理を理解し対応する。

②全児童生徒対応　情報モラル教育を徹底するとともに，「いじめ」を許さない

学級の雰囲気づくりに努める。

（3）保護者対応

関係する保護者への説明（家庭での取り組みへの理解と要請）とともに、学校の今後の指導方針と対応を提示し説明する。

第6節　教職員のいじめ防止に向けた具体的なポイント

1　児童生徒のありのままを見つめる

（1）一人ひとりの子どもは，世界に一人しかいないかけがえのない存在である

人はそれぞれ個性や個に応じた能力，興味や関心などをもっており，一人ひとりは同じではない。児童生徒は，一人ひとりが世界にただ一人しかいない大切な存在だということを教師自身が心に刻む。

（2）自分の尺度や先入観，価値観で児童生徒をみない，決めつけない

教師は，これまでの自分の経験や価値観を基準にして，児童生徒を決めつけてはいけない。かれらは日々成長し変化している。先入観をもって児童生徒のことをみずに，ありのままの児童生徒を受け止める。

（3）個人と集団の双方に着目する

児童生徒は学級やグループなどさまざまな集団で生活し，場面によって普段とは違った一面をみせることがある。個人をよくみるとともに，周囲の児童生徒との関係や，それぞれの集団のなかでの姿にも注目する。

2　児童生徒との信頼関係を高める

（1）児童生徒の話を傾聴する

先入観をもたずに聴き，質問をできるだけ控え，児童生徒の発言をじっくり待って，ことばに対する解釈や評価，批評は行わず，かれらのことば1つひとつを自分の心に入れる。

（2）受容し共感的に受け止める

児童生徒は，いつも自分を受け止めてほしいと思っている。自分を否定され

てしまっては心を開くことはできない。児童生徒の気持ちに寄り添いながら，表情やうなずき，ことばなどによって「あなたの存在を大切に思っている」ということを伝える。

3　児童生徒の小さなサインをとらえる

（1）アンテナを高くする

児童生徒の心を理解するアンテナを高く張り，日々の様子や表情，言動などに常に注意深く目を向け，かれらの小さな変化をとらえ児童生徒理解を深める。

（2）非言語コミュニケーションにこそ気を配る

姿勢や身振り，表情や視線，顔色，声の調子，沈黙，服装や髪形など，非言語のコミュニケーションに児童生徒のサインが表れる。ことばには表れない児童生徒の様子に気を配る。

（3）アンケート調査は，十分に配慮する

実態を把握するために，アンケート調査を活用することも有効である。しかし，それが負担になる児童生徒もいることを十分考慮し，調査内容や方法をよく検討し，実施後は児童生徒の様子に十分注意する。

●参考文献
朝日新聞社（編集）　2012　完全版 いじめられている君へ いじめている君へ いじめを
　見ている君へ　朝日新聞出版
尾木直樹　2013　いじめ問題をどう克服するか　岩波新書
森田洋司　2010　いじめとは何か──教室の問題，社会の問題　中公新書

第9章　不登校

第1節　不登校の背景

1　不登校とは

　今日，テレビや新聞，書籍だけでなくインターネットにおいても，不登校に関するさまざまな問題を取りあげることが多い。不登校は特定の学校や家庭，地域に集中したり特別な児童生徒にかぎって起こるものではなく，どの学校にも，どの子どもにも起こる可能性がある。不登校の問題は，今まさに学校や家庭がかかえている大きな課題の1つであるといってよいだろう。学校においては，生徒指導の観点からも，教師はその対応や支援のために子どもたち一人ひとりの内面を理解することから始めなければならない。

　不登校は非社会的な行動として，とくに学校教育と密接にかかわる現象であるため，社会的にも大きな注目を集めている。わが国では，子どもたちが毎日明るく元気に登校することを学校教育の前提にしてきただけに，不登校の児童生徒数が一向に減少しないことは頭の痛い問題になっている。実際，不登校の把握と解消のために，自治体の教育委員会では，不登校対策委員会や不登校担当者会議などを立ち上げたり，校内研修会をとおして学校内外での情報交換や教師の意識向上に努めているところが多い。子どもの数が減少しているなかで，なぜ不登校の児童生徒数が増加するのであろうか。

　文部科学省は，不登校とは，「連続または断続して年間30日以上欠席し，何らかの心理的，情緒的，身体的，または社会的要因や背景により，児童生徒が登校しない，あるいは登校したくてもできない状況である（ただし，病気や経済的な理由によるものを除く）」と定義している。つまり，不登校は「登校の意志と義務感をもち，本人なりに努力しながらも，何らかの背景や理由があって学校へ行けない状態」ということであり，心理・教育的な対応や支援を必要と

102

する症状を指すものである。不登校に陥った本当の意味を理解せずに，一方的で偏った指導を与えてしまうと，かえって事態をこじらせることになる。

2 不登校の背景

　子どもたちが不登校になってしまう原因や背景については，主に3つの要因が考えられる。「社会的要因」「学校の要因」「家庭の要因」がそれである。社会的要因は，たとえば子どもたちを取り巻く進路の問題，地域の教育力の低下などが関係する。学校の要因は，たとえば先生や友だちとの人間関係，勉強がわからない，いじめがあった，部活動でのトラブルなどである。家庭の要因は，たとえば親子関係や夫婦関係の問題，保護者の仕事や疾病などである。それらに加え，「本人の要因」がある。たとえば本人の性格や育ち方，目標のもち方などが関係している。同じような要因が影響を与えるといっても，不登校になるかどうかは個々のケースによって異なる。直接的，間接的な要因の程度，具体的なきっかけが複雑にからみ合うからである。

　子どもが不登校に陥ると，教師や保護者は何が原因でこうなったのかを追い求め，原因を明らかにして取り除くことが問題の早期解決につながると思い込みやすい。そのため，子どもに理由を問いつめたり，学校で起こった出来事を話させようとする。しかし，原因が何だったのかを追求することは決して容易ではない。それにエネルギーを使うよりも，学校や家庭に「心の居場所」をつくることに教師や保護者が真剣になって取り組むこと，不登校という方法をとおして子どもが訴えている事実に周囲の人たちが援助の手を差しのべること，子どもの自立へのステップを温かく見守ることが大切であろう。

第2節　不登校の実態と態様

1 不登校の実態

　文部科学省は，1997（平成9）年度までの学校基本調査では「学校嫌い」の名目で「登校拒否」を調査していたが，1998（平成10）年度より「不登校」という名称に改めたという。自治体の教育委員会や学校現場に，「学校嫌いは子どもの側にあった呼び方ではない」などと変更を求める声が高まったためであ

る。

　文部科学省が2017（平成29）年10月に公表した長期欠席者数によると，2016（平成28）年度に年間30日以上欠席した国公私立学校の不登校児童生徒数は，小学校3万1,151人，中学校10万3,247人，計13万4,398人であった。また，同じく高等学校の不登校生徒は4万8,579人であった。このうち，90日以上欠席している者は，小学校1万3,738人，中学校6万3,712人，高等学校1万1,151人であった。また，出席日数が0日の者は，小学校878人，中学校4,083人，高等学校829人であった。小学校は0.48％（208人に1人），中学校は3.01％（33人に1人），高等学校は1.47％（68人に1人）の割合である。高等学校は2012（平成24）年以降，若干の減少が続いているが，小中学校は一時の減少傾向からここ数年増加傾向にある。図9-1は，1991（平成3）年から2016（平成28）年までの小学校・中学校における不登校者の推移，図9-2は，2004（平成16）年から2016（平成28）年までの高等学校における不登校者数の推移を示したものである。

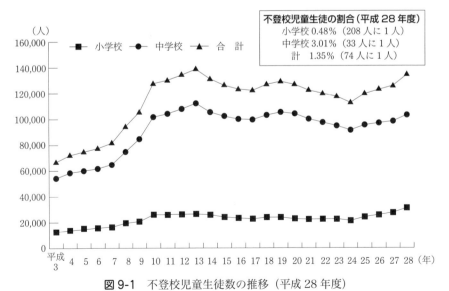

図9-1 不登校児童生徒数の推移（平成28年度）

（出典：文部科学省　2017　児童生徒の問題行動・不登校等生徒指導上の諸問題に関する調査（10月26日発表）より作成）

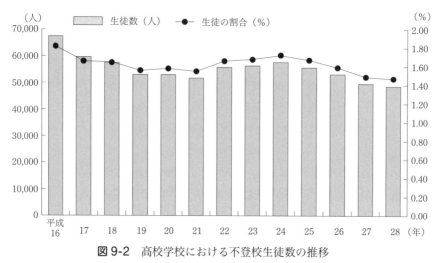

図 9-2　高校学校における不登校生徒数の推移

(出典：文部科学省　2017　児童生徒の問題行動・不登校等生徒指導上の諸問題に関する調査 (10月26日発表) より作成)

2　不登校の態様

不登校の態様には，どのようなものがあるのだろうか。文部科学省は，不登校の態様を「学校生活に起因する型」「遊び・非行型」「無気力型」「不安など情緒的混乱型」「意図的な拒否型」「複合型」「その他」に分類している。

a　学校生活に起因する型　いやがらせをする児童生徒の存在や，教職員との人間関係など，明らかにそれと理解できる学校生活上の影響から登校しない，または登校できない型である。不登校の原因としては，学業不振，友人関係，教職員との信頼関係，部活動への不適応，入学・転入学・進級時の不適応の問題などがあげられる。全教職員が児童生徒の日々の学校生活をしっかり見つめ，早期に適切な対応が大切である。

b　遊び・非行型　遊ぶためや非行グループに入ったりして登校しない型である。無断欠席・遅刻・早退などの行動を繰り返し，登校しなくなる。このタイプの不登校は小学校段階では少なく，中学校段階で多く現れる。「家庭がしっかりしていないからだ」と安易に見過ごしてしまわず，家庭を支援し，子どもの立場にそった理解や励まし，ときには注意や叱責も必要になる。

c　無気力型　無気力で何となく登校しない，登校しないことへの罪悪感が少

なく，迎えに行ったり強く催促すると登校するが長続きしない型である。この
タイプの子どもは，学校や学級のなかに，はっきりした問題や人間関係におけ
るトラブルは少ないようである。そのため，誘うと登校することはあるが，長
続きしない。欠席をそのままにしておくと慢性化し，登校がますます困難にな
る。

d 不安など情緒的混乱の型 登校の意志はあるが身体の不調を訴え登校できな
い，漠然とした不安を訴え登校しないなど，不安を中心とした情緒的混乱によ
って登校しない，または登校できない型である。登校する時刻になると，頭痛
や腹痛，吐き気などの身体の不調を示すが，これらの症状は病院で診てもらっ
ても，身体に異常はないと言われることが多い。

e 意図的な拒否型 学校に行く意義を認めず，自分の好きな方向を選んで登校
しない型である。さまざまな主張に基づいて学校に行く意義を認めず，登校を
拒否するタイプである。保護者からの影響で，本人も登校を拒否するようにな
る場合もある。

f 複合型 不登校状態が継続している理由が複合していて，いずれが主であ
るかを決めがたい型である。不登校はさまざまな要因が複雑に絡み合っている
ことが多く，そのためにいくつかのタイプが複合しているような例が多くみら
れる。どのタイプが複合しているかということは簡単には決められない。

g その他 上記のいずれにも該当しない型である。

3 不登校の要因

　表9-1は，2016（平成28）年度に国公私立小学校・中学校の児童生徒が不
登校になったきっかけを，本人の要因と学校・家庭の要因とをクロスしてま
とめたものである。小学生では，本人の要因は「不安の傾向」「無気力の傾
向」が多い。学校の状況（複数回答）では「いじめを除く友人関係をめぐる問
題」「学業の不振」が多い。家庭の状況では「無気力の傾向」「不安の傾向」が
多い。小学校の場合は，本人と本人を取り巻く環境との関係から，「不安」と
「無気力」が大きな原因になっているようである。

　中学校では，本人の要因は「無気力の傾向」「不安の傾向」「学校における人
間関係」が多い。学校の状況（複数回答）では「いじめを除く友人関係をめぐ

表9-1 国公私立小学校・中学校児童生徒における「不登校」の要因（平成28年度）

【国公私立】合計（小・中）

学校, 家庭に係る要因（区分）／本人に係る要因（分類）	分類別児童生徒数	学校に係る状況									家庭に係る状況	左記に該当なし
		いじめ	いじめを除く友人関係をめぐる問題	教職員との関係をめぐる問題	学業の不振	進路に係る不安	クラブ活動、部活動等への不適応	学校のきまり等をめぐる問題	入学、転編入学、進級時の不適応			
「学校における人間関係」に課題を抱えている	22,558	545	15,922	1,719	2,561	563	1,043	423	1,220	3,436	1,093
	—	2.4%	70.6%	7.6%	11.4%	2.5%	4.6%	1.9%	5.4%	15.2%	4.8%
	16.8%	78.8%	47.1%	47.1%	9.7%	10.2%	33.9%	8.6%	14.9%	7.5%	4.2%
「あそび・非行」の傾向がある	6,414	2	564	188	1,759	247	100	2,091	167	2,663	784
	—	0.0%	8.8%	2.9%	27.4%	3.9%	1.6%	32.6%	2.6%	41.5%	12.2%
	4.8%	0.3%	1.7%	5.1%	6.7%	4.5%	3.3%	42.6%	2.0%	5.8%	3.0%
「無気力」の傾向がある	40,528	34	4,295	503	11,429	1,656	682	1,268	2,084	17,095	8,148
	—	0.1%	10.6%	1.2%	28.2%	4.1%	1.7%	3.1%	5.1%	42.2%	20.1%
	30.2%	4.9%	12.7%	13.8%	43.4%	30.0%	22.2%	25.8%	25.5%	37.2%	31.1%
「不安」の傾向がある	41,764	88	11,407	950	8,513	2,651	1,053	769	3,649	12,451	8,345
	—	0.2%	27.3%	2.3%	20.4%	6.3%	2.5%	1.8%	8.7%	29.8%	20.0%
	31.1%	12.7%	33.7%	26.0%	32.3%	48.1%	34.3%	15.7%	44.7%	27.1%	31.9%
「その他」	23,134	23	1,611	293	2,078	400	196	361	1,051	10,359	7,797
	—	0.1%	7.0%	1.3%	9.0%	1.7%	0.8%	1.6%	4.5%	44.8%	33.7%
	17.2%	3.3%	4.8%	8.0%	7.9%	7.3%	6.4%	7.3%	12.9%	22.5%	29.8%
計	134,398	692	33,799	3,653	26,340	5,517	3,074	4,912	8,171	46,004	26,167
	100.0%	0.5%	25.1%	2.7%	19.6%	4.1%	2.3%	3.7%	6.1%	34.2%	19.5%

（注1）「本人に係る要因（分類）」については，「長期欠席者の状況」で「不登校」と回答した児童生徒全員につき，主たる要因一つを選択。

（注2）「学校，家庭に係る要因（区分）」については，複数回答可。「本人に係る要因（分類）」で回答した要因の理由として考えられるものを「学校に係る状況」「家庭に係る状況」よりすべて選択。

（注3）「家庭に係る状況」とは，家庭の生活環境の急激な変化，親子関係をめぐる問題，家庭内の不和等が該当する。

（注4）中段は，各区分における分類別児童生徒数に対する割合。下段は，各区分における「学校，家庭に係る要因（区分）」の「計」に対する割合。

（出典：文部科学省　2017　児童生徒の問題行動・不登校等生徒指導上の諸課題に関する調査（10月26日発表）より作成）

る問題」「学業の不振」が多い。家庭の状況では「無気力の傾向」「不安の傾向」が多い。また中学校の場合は，「入学・転編入学・進級時の不適応」「進路に係る不安」「クラブ活動・部活動等への不適応」など，本人の所属感への思い悩みが不登校の原因として表面化してくる。

　不登校の解決が難しいのは，一人ひとりがそれぞれ異なる事情をもち，対応方法が同じというわけにはいかないからである。原因を取り除けば登校できる路が開ける事例もあるが，本人自身や本人を取り巻くさまざまな要因が影響し合っている場合には，解決をいっそう難しいものにする。さらに，小学生から中学生になると，学校生活や学習環境の変化になじめず不登校やいじめが急増する現象，いわゆる「中1ギャップ」についても，小学校と中学校が連携して対応していかなければならない。

　高等学校に不登校生徒がいないわけではないが，中途退学を選択することも可能である。文部科学省の調査によると，2016（平成28）年の国公私立の全日制，定時制を合計した不登校者数4万8,579人のうち，中途退学にいたった者は1万2,777人（26.3%），全生徒における中途退学率は1.4%である。不登校の要因は，本人の要因では「無気力の傾向」（34.8%），「不安の傾向」（22.2%）である。学校の状況（複数回答）では「学業の不振」（18.1%），「いじめを除く友人関係をめぐる問題」（15.3%）などが多い。家庭の状況（複数回答）では「無気力の傾向」（33.9%），「不安の傾向」（24.6%）などが多い。高校生の不登校も，いわゆる「無気力」や「不安など情緒的混乱」タイプの比率が高い。

　一方，中途退学にいたった事由は，「進路変更」（33.9%），「学校生活・学業不適応」（33.5%），「学業不振」（8.2%）などであり，このなかに不登校生徒がどの程度の比率を占めているのかは不明である。しかし，不登校が原因で中途退学したり，引きこもり状態に陥ったりする子どもたちに対して，学校や教師がどのような支援の手を差しのべられるかを真剣に考えていかなくてはいけない。

第3節　不登校への対応と支援

1　対応と支援の視点

　不登校児童生徒への対応と支援は，表面的な登校の再開を目標にするのではなく，かれらが自分の進路や将来に向けて精神的，社会的に自立していくことを周囲の人たちが支えるという視点をもつことが大切である。そのためには，不登校に陥ったきっかけや理由を考慮してはたらきかけることが求められる。

　たとえば「不安など情緒的混乱の型」の場合，学校を休みはじめたころは，頭痛・腹痛・発熱などの身体的な症状や不安，おびえなどの心理的な反応を示すことが多い。周囲の人たちが真の原因に気づかずに，強い叱責や登校刺激を与えると，反発や閉じこもりとなりやすい。登校しないことで，本人自身が精神的に一番不安となり，外出しない，生活が不規則になる，昼夜逆転が起こるなどの行動を示すことがある。とくに保護者はいても立ってもいられない気持ちになるが，無理に登校させることだけを考えず，子どもの気持ちを理解することから始めるとよい。保護者は，①本人も苦しんでいるという状態を分かること，②子どもの気持ちを理解し話を聴くという姿勢をもつこと，③学校と連絡をとり学校の様子を知ること，④相談機関を積極的に利用し専門的なアドバイスを受けること，などを実践したい。

2　学校や家庭での対応

　かつて茨城県教育委員会は，年々深刻化する不登校児童生徒に対応するため，学級担任用のマニュアルを作成している。不登校を防止する決め手は早期発見につきるという観点から，初期症状をいち早くとらえることができる「気づき」のリストである。その項目は，次のとおりである。

a　表情・態度の変化　①一人でポツンとしていることが多くなった。②表情が暗くなり，ボーッとしていたり，考えごとをしたりする様子が多くなった。③「疲れた表情」「だるそう」「眠そう」にしていることが多くなった。④友だちのうわさや視線をひどく気にして，人がたくさんいるところを避けるようになった。

b 行動の変化　①急に「はしゃぐ」ようになったり，用もないのに担任に話しかけたりするようになった。②話しかけないが，担任に「何か」話しかけたそうな素振りがみられるようになった。③担任を避けるようになった。④給食を残したり，食べなくなった。⑤頭痛，腹痛を訴えて保健室へ行くことが多くなった。

c　出席状況や成績の変化　①休み明けや特定の曜日，特定の教科の授業のある日によく欠席するようになった。②週に1〜2回欠席するようになった。③長期の入院生活後に身体の不調を訴えて休みがちになった。④理由のはっきりしない欠席がふえてきた。⑤学習意欲が急になくなり，成績も下がってきた。⑥宿題や提出物を忘れることが多くなった。⑦通常の登校時刻に遅れたり，遅刻することが多くなった。

　家庭では，子どもの行動の変化は，周囲の人からは一見するとぐずぐずしているようにみえるため，励ます意味もあって，どうしても強い言動や叱責を与えがちになる。子どもたちの心の叫び（SOS）に少しでも早く気づき，適切な対応をとれば子どもを不登校へと追い込まずにすむだろう。家庭では，次のような子どもの変化を見逃さないようにするとよい。

　(1) 学校や勉強のことを言うと，ひどく不機嫌になる。

　(2) 友だちと遊ばなくなり，一人で過ごすことが多くなる。

　(3) 月曜日や休み明け，特定の曜日に学校へ行きたがらない。

　(4) 保健室や職員室へ行く回数がふえてくる。

　(5) テレビやゲームに熱中し，夜ふかしが多くなる。

　(6) 朝起きるのが遅くなり，布団からなかなか出てこない。

　(7) 夕方や休みの日になると，活動が活発になる。

　(8) 朝，着替えやトイレ，洗面などに必要以上の時間をかける。

　(9) 部屋に閉じもりがちになる。

　(10) 朝食のとき，表情が暗かったり，食欲が進まなかったりする。

　(11) 授業中に集中力がなくなり，生活態度が無気力になる。

　(12) 登校時間になると，頭痛，腹痛，発熱などを訴える。

3　効果的な支援

　不登校を未然に防ぐには，まず魅力的な学校づくりが大切であろう。温かい学級を基本にして，教師や仲間同士がいつでも明るく話し合える雰囲気をつくりたい。教師はわかる授業を心がけ，一方的な言動は慎むべきである。小学校と中学校の連携，関係機関との連携，学校と家庭の連絡を密にすることなどを常に実践したいものである。また，学校内では校長のリーダーシップのもとに，不登校対策委員会などの組織が実を結ぶことを期待したい。一般に，この組織には校長や教頭のほか，生徒指導担当，教育相談担当，学年主任，養護教諭，担任，関係教師，スクールカウンセラー（SC），心の教室相談員などが加わる。また必要に応じて，地域の教育委員会（教育センター，教育相談室，適応指導教室など），児童相談所，医療機関，民生委員や児童委員，スクールソーシャルワーカー（SSW）などと協力関係を保つことが重要である。

　文部科学省によって 2017（平成 29）年 10 月に発表された前年度の調査概要によると，種々の適切な指導の結果「登校する，または登校できるようになった」児童生徒の割合は，小学校 28.9％，中学校 27.8％であった。この数字はここ数年ほぼ横ばいの状況であり，不登校への指導・支援の難しさを物語っている。まだまだ高い数字とは言い切れないが，学校内外の着実な取り組みの成果が表れているといえよう。

　適切な指導の結果，学校でとくに効果があったと認める措置は，①「家庭訪問を行い，学業や生活の面で相談にのるなど，さまざまな指導や援助を行った」など家庭へのはたらきかけ，②「登校を促すため，電話をかけたり迎えに行くなどした」など本人へのはたらきかけ，③「スクールカウンセラーなどが専門的な指導にあたった」など専門家の対応，④「不登校の問題について，研修会や事例研究会を通じて全教師の共通性をはかった」など学校での指導の改善工夫である。つまり，生徒指導という観点からは，①子ども一人ひとりを十分に理解する，②学校生活の改善・充実や，子どもの自己実現への取り組みを援助する，③不登校に対する理解・連携協力・教育相談・指導体制などを充実する，④不登校を早期発見し適切な指導と援助・粘り強い指導と援助などを行う，⑤家庭・関係機関などと十分に連携する，などの課題を 1 つひとつ具体化していくことであろう。

第4節　適応指導教室（教育支援センター）の活用

1　適応指導教室とは

　地域の自治体のなかには，教育委員会が中心となりきめ細かい「心のオアシスづくり」をめざし，学校内にスクールカウンセラーのほかに「心の教室」を開設し，心の教室相談員を配置するところが多い。このような取り組みは，基本的には学校に通学している子どもたちや保護者，教職員からの相談が対象である。これに対し，適応指導教室は都道府県または市区町村の教育委員会が，不登校に悩む小学生・中学生の学校復帰を目標にして設置した施設である。文部科学省は適応指導教室整備指針のなかで，その目的を次のように述べている。

> 　適応指導教室は，不登校児童生徒の集団生活への適応，情緒の安定，基礎学力の補充，基本的生活習慣の改善等のための相談・適応指導（学習指導を含む）を行うことにより学校復帰を支援し，不登校児童生徒の社会的自立に資することを基本とする。

　教育委員会は，この指針に基づき自治体の教育センターや教育研究所，教育相談室など学校以外の場所に教室を設置した。不登校に悩む児童生徒の自立と学校生活への適応を図り，学校へ復帰させるための指導・援助がねらいである。教室では，専門の指導員や教職経験者が，児童生徒の在籍校や家庭と連絡をとり合いながら，個別カウンセリングや集団指導，教科指導，生活指導などを組織的，計画的に行っている。2016（平成28）年現在，都道府県および市区町村に設置されている教室数は，全国で1,397カ所，指導員は4,799人である。

2　適応指導教室の取り組み

　図9-3は，A市の教育センター内に設置された教室の様子である。通常学級と同程度の広さの学習室に個別学習机，小集団学習机，掲示板，ロッカー，書架，ビデオ，パソコンなどが用意され，子どもの実態に応じた指導ができるように配慮されている。教育センター内にある相談室，図書室，実習室，プレイ

図 9-3 A市の適応指導教室

ルームなどの施設も利用できる。教室の存在を市民に知ってもらうためのパンフレットや，現場の教職員を対象にした教室案内なども発行している。A市に限らず，教室に親しみを増すような愛称がつけられるところも多い。

学校には行けないが周囲の人に勧められ，心の居場所を求めて教室を見学し入級する例が多い。

教室での指導（通所指導）が中心となるが，必要に応じて家庭訪問による指導（訪問指導）も加えられる。通所指導では，①学習指導をとおして学習の遅れやつまずきの解消，②個別カウンセリングによる悩みの解消や生活への意欲化，③個別または集団の体験学習をとおして社会性を向上させることなどをめざしている。訪問指導では，子どもの状態の把握に努めながら，個別学習，スポーツ，遊びなどをとおして子どもとの接触を図っている。

教室への入級や在籍の方法，通級による出欠席の取り扱いなどは各教育委員会と学校の判断になる。開室時間やルールは決められているが，通級時間，服装，持ち物などは比較的自由で，学校のような一斉授業や厳しい規則は少ない。

適応指導教室の活動は，子どもたちに自信や自主性を育て，社会性を伸ばしていくことにある。かれらの生活リズムを整え，学校へ戻る意欲を取り戻すように支援することが教室の最大の目標となるのである。

●参考文献
小澤美代子　2003　上手な登校刺激の与え方——先生や家庭の適切な登校刺激が不登校の回復を早めます！　ほんの森出版
親子支援ネットワークあんだんて　2013　不登校でも子は育つ——母親たち10年の証明　学びリンク
菜花俊　2014　不登校から脱け出すたった1つの方法——いま，何をしたらよいのか？　青春出版社
藤田主一・浮谷秀一（編）　2015　現代社会と応用心理学1 クローズアップ「学校」　福村出版

第10章　発達障害と特別支援教育

第1節　特別支援教育の概要

1　特別支援教育とは

　2006（平成18）年に改定された学校教育法が翌年の4月に施行され，障害児教育は，特殊教育から特別支援教育へ転換された。ここでは，「従来の特殊教育の対象の障害だけでなく，LD（学習障害），ADHD（注意欠陥多動性障害），高機能自閉症を含めて障害のある児童生徒の自立や社会参加に向けて，その一人ひとりの教育的ニーズを把握して，その持てる力を高め，生活や学習上の困難を改善又は克服するために，適切な教育や指導を通じて必要な支援を行うものである」と定められている。これは，一人ひとりの教育的ニーズに応じた適切な教育や支援を可能にしながら，通常の学校を含むすべての学校の児童生徒を対象とし，子どもたちの自立とかれらが生き生きと活躍し共生できる社会の形成をめざすものである。

2　特殊教育から特別支援教育へ

　これまでの特殊教育は，障害ごとに「教育の場」を整備し，きめ細かな教育を効果的に行うという視点で展開されてきた。しかし，近年では養護学校や特殊学級に在籍している児童生徒が増加傾向にあり，盲・聾・養護学校に在籍する児童生徒の障害の重度・重複化が進んでいる。そこで，特別支援学校を設け，複数の障害種別を教育できるように一本化し，地域の幼・小・中・高等学校への助言・援助を行うセンターとしての役割を担い，連携支援を行うこととなった。それに伴い，教員免許も変更されている。

　さらに，2012（平成24）年に行われた「通常の学級に在籍する特別な教育的支援を必要とする児童生徒に関する全国実態調査（文部科学省）」では，医師の

診断を得たものではないが，通常学級のなかで学校現場の教師によって，生活上，学習上の困難を経験していると判断された子どもたちは6.5％にのぼると報告されている。これは，1学級に2～3名は教育的対応が必要（学習面または行動面で著しい困難を示す）な児童生徒がいることを示唆する数値である。その結果，通常の学校における個別の支援の必要性が明確化されることを意味し，LD・ADHD・高機能自閉症などが特別支援教育の対象に加えられたのである。

3　学校生活と特別支援教育
（1）就学に関する手続き

　学校保健安全法では，次年度に初等教育を受ける予定である子どもに対しては「就学時健康診断」を実施することが規定されている。これは，子ども本人と保護者が，健康や成長の状態について関心と認識をもち，疾病や異常の発見と必要な治療・支援につなげ，就学先を決定する判断材料の1つとして活用することを目的としている。3歳までの発達は地域の保健センターで見守られているが，それ以降，この就学時健診までは行政のサポートが途切れてしまう。健診の結果を受け，障害の状態，本人の教育的ニーズ，本人・保護者の意見，専門家の意見，学校や地域の状況などを踏まえた総合的な観点から，手続きを経て，市町村の教育委員会によって就学先が決定される。保護者の意見が最大限に尊重され，可能なかぎりその意見を踏まえ，教育的ニーズと必要な支援について合意形成を行うことが原則とされている。

（2）就学の場

　特別支援教育では，就学時健康診断の結果を受けて，障害の程度や対象児の特性によって就学先が決められる。障害が重い子どもは特別支援学校へ進み，軽い子どもは特別支援学級や通級指導教室による指導を受ける。または通常の学級で留意して教育することとされている。

　特別支援学校は，視覚障害者，聴覚障害者，知的障害者，肢体不自由者または病弱者（身体虚弱者を含む）のうち，政令で定められた就学基準によって入学が決まる。障害上または生活上の困難を克服し，自立を図るために必要な知識技能を授けることが教育目標で，障害特性に合わせた専門的な教育が提供さ

れる。

　特別支援学級は，従来の特殊学級で，通常の学校における特別支援教育の場として，障害の比較的軽い子どものため，小・中学校に障害ごとに置かれる少人数学級である。通常学級との交流も積極的に行われ，教育課程は状況に応じて担当の教師が編成し，個々に応じた教育を行う。

　通級指導教室では，通常の学級に在籍し，ほとんどの授業は通常の学級で受けながら，障害特性や学習の状況に合わせた特別な指導が行われる。一斉授業では難しい学習速度や難易度，教え方を変えるなどの個別対応が可能である。

第2節　通常の学校における特別支援教育

1　インクルーシブ教育

　インクルージョンは「障害があっても地域で地域の資源を利用し，市民が包み込んだ共生社会を目指す」という理念としてとらえられている。この理念は，1994（平成6）年に行われたユネスコの「特別ニーズ教育に関する世界会議」で採択された「サラマンカ宣言」が基調となっている。わが国では，2004（平成16）年の精神障害も対象に含めた障害者基本法の改正とともに，翌年の2005（平成17）年には「発達障害者支援法」が施行され，発達障害も注目されるようになった。また，2006（平成18）年には「障害者自立支援法」が施行され，障害による壁をなくすバリアフリーが強調され，すべての障害者が地域で普通の生活を営むことが当たり前のこととして受け入れられるようにノーマライゼーションの理念が教育にも持ち込まれるようになった。障害のある子どもと障害のない子どもとが共に学ぶ場が重要であるとされた統合教育（インテグレーション）の延長線上にあり，一人ひとりの教育ニーズに対応しようとするのが，インクルーシブ教育である。

2　合理的配慮

　特別支援教育の理念をインクルーシブ教育のなかで実現していくためには「合理的配慮」が必要不可欠となる。

　合理的配慮は「障害のある子どもが，他の子どもと平等に『教育を受ける権

利』を享有・行使することを確保するために，学校の設置者及び学校が必要か
つ適当な変更・調整を行うことであり，障害のある子どもに対し，その状況に
応じて，学校教育を受ける場合に個別に必要とされるもの」と定義されてい
る。たとえば，読みにつまずきをもつ児童生徒に対し，教科書や配布物の漢字
に読み仮名をふったり，文字サイズやレイアウトに配慮したりする方法であ
る。標準的な教育方法では学習できないからといって，能力や特性の把握も
なしに，単純に下の学年の教材を与えるといった方法は合理的配慮とはよべな
い。さらに，2016（平成28）年には「障害者差別解消法」が制定され，障害を
理由とする不当な差別的扱いを禁止し，社会的障壁を除去するための合理的配
慮を怠ることなく提供することが強調された。それにより，教育方法や教育内
容だけでなく，支援体制や施設・設備の整備についても考えられるようになっ
ている。

第3節　発達障害

1　発達障害のとらえ方

　発達障害は，脳に何らかの先天的な機能不全があることで生じるといわれて
おり，けっして親の育て方や本人の努力不足が原因ではない。通常は脳の機能
も年齢に応じてバランスよく発達するが，発達障害をもつ子どもは，バランス
が悪く，発達に実年齢を上回るものと下回るものが混在し，「凸凹」がある。
そのため，生まれながらにうまくいかなさや育ちにくさをかかえ，保護者もわ
かりにくさや育てにくさを抱くことになる。また，同じ障害をもっていても，
その状態は一人ひとり異なり，必要となるかかわりや支援も一様ではない。さ
らに，1つの障害だけではなく，2つ以上を合わせてもっていることも多く，
そのことがより本人の適応を難しくし，さらに特性の判断が難しく周囲からの
誤解もされやすい（図10-1）。
　法律では，発達障害を「自閉症，アスペルガー症候群その他の広汎性発達障
害，学習障害，注意欠陥多動性障害その他のこれに類する脳機能の障害があっ
てその症状が通常低年齢において発現するものである」と定めている。しか
し，世界保健機関の国際疾病分類（ICD-10）やアメリカ精神医学会の精神疾患

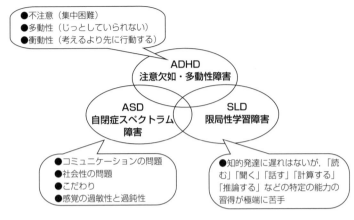

図 10-1　発達障害の概念図

の分類と手引き（DSM-5）では，異なる定義がされており，行政と医療が共通した表現を使用していないという現実がある。

2　発達障害の種類と特性

2012（平成 24）年に「通常の学級に在籍する特別な教育的支援を必要とする児童生徒に関する全国実態調査（文部科学省）」で使用された項目は，学校現場でみられる具体的な特性から構成されている。ここでは，その項目および文部科学省の定義を参考にそれぞれの障害の特徴についてみていく。

(1) 学習障害（LD）／限局性学習障害（表 10-1）

学習障害は，勉強を進めていく力（アカデミックスキル）のつまずきである。全般的な知能の遅れはないが，勉強を進めていくための基本的な能力がうまく発揮できないため，学校では苦手なことにずっと取り組まなければならないこととなる。自分自身でつまずきを補おうと努力しても，成果は現れにくい。学業不振は学校生活への適応を妨げる原因にもなる。「勉強ができない」のではなく，得意なことと苦手なことがあり，得意なことで苦手なことを補えるような指導が必要である。

(2) 注意欠陥多動性障害（ADHD）／注意欠如・多動性障害（表 10-2）

注意欠陥多動性障害では，日常生活や行動のつまずきがある。周囲から何度

表 10-1 学習障害（LD）／限局性学習障害

【文部科学省の定義】学習障害（LD = Learning Disabilities）(注)

基本的には全般的な知的発達に遅れはないが，聞く，話す，読む，書く，計算するまたは推論する能力のうち特定のものの習得と使用に著しい困難を示すさまざまな状態を指すものである。学習障害は，その原因として，中枢神経系に何らかの機能障害があると推定されるが，視覚障害，聴覚障害，知的障害，情緒障害などの障害や，環境的な要因が直接の原因となるものではない。

【具体的な特徴】	【学習面（「聞く」「話す」「読む」「書く」「計算する」「推論する」）】
聞く	聞き間違いがある（「知った」を「行った」と聞き違える）
	聞きもらしがある
	個別に言われると聞き取れるが，集団場面では難しい
	指示の理解が難しい
	話し合いが難しい（話し合いの流れが理解できず，ついていけない）
話す	適切な速さで話すことが難しい（たどたどしく話す。とても早口である）
	ことばにつまったりする・単語を羅列したり，短い文で内容的に乏しい話をする
	思いつくままに話すなど，筋道の通った話をするのが難しい
	内容をわかりやすく伝えることが難しい
読む	初めて出てきた語や，普段あまり使わない語などを読み間違える
	文中の語句や行を抜かしたり，または繰り返し読んだりする
	音読が遅い
	勝手読みがある（「いきました」を「いました」と読む）
	文章の要点を正しく読みとることが難しい
書く	読みにくい字を書く（字の形や大きさが整っていない。まっすぐに書けない）
	独特の筆順で書く
	漢字の細かい部分を書き間違える
	句読点が抜けたり，正しく打つことができない
	限られた量の作文や，決まったパターンの文章しか書かない
計算する	学年相応の数の意味や表し方についての理解が難しい（三千四十七を300047 や 347 と書いてしまう。分母の大きい方が分数の値として大きいと思っている）
	簡単な計算が暗算でできない
	計算をするのにとても時間がかかる
	答えを得るのにいくつかの手続きを要する問題を解くのが難しい（四則混合の計算や2つの立式を必要とする計算などがうまくとけない）
推論する	学年相応の文章題を解くのが難しい
	学年相応の量を比較することや，量を表す単位を理解することが難しい（長さやかさの比較。「15cm は 150mm」ということ）
	学年相応の図形を描くことが難しい（丸やひし形などの図形の模写。見取り図や展開図）
	事物の因果関係を理解することが難しい
	目的に沿って行動を計画し，必要に応じてそれを修正することが難しい
	早合点や，飛躍した考えをする

（注）DSM-5 では「限局性学習障害」が用いられる。

（出典：文部科学省　2012　通常の学級に在籍する発達障害の可能性のある特別な教育的支援を必要とする児童生徒に関する調査　より作成）

第 10 章　発達障害と特別支援教育　119

表 10-2　注意欠陥多動性障害（ADHD）／注意欠如・多動性障害

【文部科学省の定義】注意欠陥多動性障害（ADHD = Attention-Deficit Hyperactivity Disorder）(注)
年齢あるいは発達に不釣り合いな注意力，および／または衝動性，多動性を特徴とする行動の障害で，社会的な活動や学業の機能に支障をきたすものである。また，7 歳以前に現れ，その状態が継続し，中枢神経系に何らかの要因による機能不全があると推定される。

【具体的な特徴】	【行動面（「不注意」「多動性−衝動性」）】
不注意	学業において，綿密に注意することができない，または不注意な間違いをする
	手足をそわそわと動かし，またはいすの上でもじもじする
	課題または遊びの活動で注意を集中し続けることが難しい
	直接話しかけられたときに聞いてないように見える
	日々の活動で忘れっぽい
	課題や活動に必要なものをなくしてしまう
	気が散りやすい
	指示に従えず，課題や任務をやり遂げることができない
	課題や活動を順序だてることが難しい
多動性	教室やその他，座っていることを要求される状況で席を離れる
	不適切な状況で，余計に走り回ったり高い所へ上ったりする
	静かに遊んだり余暇活動につくことができない
	「じっとしていない」またはまるで「エンジンで動かされているように」行動する
	（学業や宿題のような）精神的努力の持続を要する課題を避ける
	しゃべりすぎる
衝動性	質問が終わる前に出し抜けに答え始めてしまう
	順番を待つことが難しい
	他人を妨害したり，邪魔をする

（注）DSM-5 では「注意欠如・多動性障害」が用いられる。

（出典：文部科学省　2012　通常の学級に在籍する発達障害の可能性のある特別な教育的支援を必要とする児童生徒に関する調査　より作成）

注意を受けても，なかなか守れなかったり，同じ失敗を繰り返したりすることも少なくない。「何をすべきか，何をしてはいけないのか」ということはわかっていても，計画的に取り組んだり，行動したりすることがうまくできず，「わかっていても守れない」のである。そのため，何をすべきかを事前に提示し，本人にあった活動量や集中可能な時間に合わせた課題を設定することで，達成感や自信をもたせることが大切である。

（3）高機能自閉症／自閉症スペクトラム障害（ASD）（表 10-3）

　高機能自閉症には，コミュニケーションのつまずきがある。自分独自のこだわりが強く，周囲に対する関心が低く，相手の気持ちがわからない，コミュニ

表10-3　高機能自閉症／自閉症スペクトラム障害（ASD）

【文部科学省の定義】高機能自閉症（High-Functioning Autism）(注)
3歳位までに現れ，他人との社会的関係の形成の困難さ，言葉の発達の遅れ，興味や関心が狭く特定のものにこだわることを特徴とする行動の障害である自閉症のうち，知的発達の遅れを伴わないものをいう。また，中枢神経系に何らかの要因による機能不全があると推定される。

【具体的な特徴】	【行動面（「対人関係やこだわり等」）】
人間関係形成の困難さ	友達のそばにはいるが，一人で遊んでいる
	仲の良い友人がいない
	友達と仲良くしたいという気持ちはあるけれど，友達関係をうまく築けない
	球技やゲームをするとき，仲間と協力することに考えが及ばない
	周りの人が困惑するようなことも，配慮しないで言ってしまう
	いろいろな事を話すが，その時の場面や相手の感情や立場を理解しない
	共感性が乏しい
	他の子どもたちから，いじめられることがある
	大人びている。ませている
興味の偏りやこだわり	みんなから，「○○博士」「○○教授」と思われている（例：カレンダー博士）
	他の子どもは興味をもたないようなことに興味があり，「自分だけの知識世界」をもっている
	特定の分野の知識を蓄えているが，丸暗記しているだけであり，意味をきちんと理解していない
	とても得意なことがある一方で，極端に不得手なものがある
	特定の物に執着がある
	常識が乏しい
	ある行動や考えに強くこだわることによって，簡単な日常の活動ができなくなることがある
	自分なりの独特な日課や手順があり，変更や変化を嫌がる
独特の言葉の理解や話し方	含みのある言葉や嫌みを言われても分からず，言葉通りに受けとめてしまうことがある
	会話の仕方が形式的であり，抑揚なく話したり，間合いが取れなかったりすることがある
	言葉を組み合わせて，自分だけにしか分からないような造語を作る
	独特な声で話すことがある
独特の動作や行動	誰かに何かを伝える目的がなくても，場面に関係なく声を出す（例：唇を鳴らす，咳払い，喉を鳴らす，叫ぶ）
	意図的でなく，顔や体を動かすことがある
	動作やジェスチャーが不器用で，ぎこちないことがある
	独特な目つきをすることがある
	独特な表情をしていることがある
	独特な姿勢をしていることがある

（0：いいえ，1：多少，2：はい，の3段階で回答）

（注）DSM-5では「自閉症スペクトラム障害（ASD＝Autism Spectrum Disorder）」が用いられる。

（出典：文部科学省　2012　通常の学級に在籍する発達障害の可能性のある特別な教育的支援を必要とする児童生徒に関する調査　より作成）

ケーションがうまくとれないといった社会性の問題をかかえている。周りの動きや表情などを判断して合わせることができず,「何をすればいいかわからない」のである。そのため,人とのかかわり方や基本的な社会のルールや身の回りのやるべきことも教えていくことが必要となる。その際,あいまいな表現や禁止は伝わりにくいため,具体的に指示するほうが効果的である。

第4節　発達の特性に合わせた生徒指導

1　思春期と発達障害

　思春期に入ると,子どもたちは心身の急激な変化を経験する。この変化に伴って自己意識が強くなり,他者との比較やそれまでの自己のイメージが揺らぎ,悩み模索しながらアイデンティティを確立していく。この過程では内面に混乱が生じやすく,問題行動・不登校・引きこもりなどのさまざまな心の問題が生じるリスクが高まる。「思春期危機」とよばれるこの時期は,定型発達の子どもでもつまずきやすい。学童期までに失敗やうまくいかない不全感をもちながら,何とか適応できてきた発達障害のある子どもは,さらに深刻な困難をかかえることもある。そのため,本人の自覚や工夫だけではなく,保護者や教師などの周囲からの援助や協力が不可欠である。

2　二次的障害

　発達障害の特性をもっていることで,児童期までに日常生活や学校場面でさまざまな不具合を生じ,その積み重ねが思春期以降の問題や課題を生じさせる。これに対し,周囲の理解が得られ,受け入れられれば自信をもつこともできるが,無理解や非難が続くと本質的な一次的障害に加え,二次的な原因によるさまざまな症状として二次的障害が生じることがある。

① **ADHD**　小学校低学年時代に授業中の離席が目立った子どもも高学年以降は着席をしていられることが多い。多動の傾向は9～11歳,衝動性は12～14歳には落ち着いてくるが,不注意は20歳以上でも残存する。そのため,やり遂げたり,認められたりする経験が乏しく,不全感を抱きやすい。学習面でも,課題が最後まで終わらない,締切りを忘れるといったセルフマネージメン

トの弱さが問題となる。

　また，傾向や集中力の乏しさや不注意があり，長続きしないと思われがちであるが，好きなことや興味のあることには熱中して取り組む「過集中」がみられる。計画的な行動が苦手なことも相まって，ゲームにはまると中断ができず，いつまでも続け，注意されても，やめずに反抗的な態度や暴力的な行動をとることもある。衝動的な言動や状況認知の誤りが対人トラブルを生じさせることも多い。何とか適応しようとがんばりすぎた結果，疲れ果てて不登校にいたったり，問題行動を繰り返したりすることもある。

② ASD　変化が苦手で新しい場面に慣れるまでに時間がかかることが多い。そのため，変化への対応が困難になり，これまで何とか適応してきたことやできるようになったことが，うまくいかなくなることがある。疲れやすさや朝起きられないなどの問題も生じやすく，さまざまな身体症状や精神症状が生じ，不登校になることもある。うつ状態に陥ってしまうこともあり，薬物療法が必要な場合は，医療との連携も不可欠である。

　学習面でも，科目の得意・不得意が明確なことが多く，取り組みにも偏りがある。LD との併存をしていることも多く，何がどのように苦手なのか評価し，対処していくことが必要である。また，会話の意図や相手との距離感がつかめないことから孤立しいじめの対象になり，孤立感を抱くこともある。ADHD の合併による衝動性の問題が存在する場合は，単に罰するだけでは限定的な効果しか期待できないため，やってはいけないことや適切な方法を具体的に教えることが必要となる。

③ LD　学習の基礎技能に困難を抱えるため，思春期には障害による困難がもっとも顕著なかたちであらわれる。学業の困難が進路選択において大きな障壁となり，知的に遅れがなくても中学生になるころには学業不振が生じていることが多く，学習そのものへの意欲を失ってしまうこともある。

　学習面での困難は，自信や自尊感情の低下を生じさせ，学習以外の取り組みにも影響を与える。そのため，苦手な面ではなく，得意なことや自分の強みを通じた他者から認められる体験が大切である。

第 10 章　発達障害と特別支援教育　123

第 5 節　特別支援教育と生徒指導

1　学校内の体制づくり

　2007（平成 19）年の「特別支援教育の推進について（文部科学省）」におい
て，学校における生徒指導上の留意事項について通知され，学内体制と個人対
応に関する方向性が示されている（表 10-4）。

①特別支援教育コーディネーター　各学校の教師が校務分掌として受け持ち，保
護者や関係機関に対する学校の窓口として，また，学校内の関係者や福祉，医
療等の関係機関との連絡調整の役割を担う者として，位置づけられる。

②特別支援専門員　各学校において，障害のある子どもに対する食事や排泄な
どの日常生活上の介助や発達障害を含む学習支援，教室間移動の介助を行う。

③巡回相談員　児童生徒のつまずきや困難さを理解し，発達障害などに関する知
識があり，担任や特別支援教育コーディネーターなどの教師および保護者からの

表 10-4　特別支援教育における生徒指導上の留意事項

留意事項	具体的方針
校内委員会の設置	各学校において，校内に特別支援教育に関する委員会を設置し，発達障害を含む障害のある幼児児童生徒の実態把握や支援方策の検討等を行うための全校的な支援体制を確立する。委員会の構成は，校長，教頭，特別支援教育コーディネーター，教務主任，通級指導教室担当教員，特別支援学級教員，養護教諭，学級担任，学年主任などのほか生徒指導主事も含まれる。
実態把握	在籍する幼児児童生徒の実態を把握し，特別な支援を必要とする幼児児童生徒の存在や状態を確かめる。学校や家庭で必要な支援や配慮については，医療的な対応の必要性も含め，保護者と連携して検討を進める。発達障害は早期発見・早期支援が重要であるため，幼稚園，小学校においては，実態把握や必要な支援を着実に行う。
特別支援教育コーディネーター	学校では「特別支援教育コーディネーター」を校務分掌に明確に位置付け，特別支援教育の推進のため，組織的に機能することが求められる。校内委員会・校内研修の企画・運営，関係諸機関・学校との連絡・調整，保護者からの相談窓口などが主な役割である。
教育支援計画の策定	長期的な視点に立ち，乳幼児期から学校卒業後まで一貫した教育的支援を行うため，小・中学校等においては，「個別の教育支援計画」を策定し，関係機関と連携を図った効果的な支援を進める。
個別の指導計画の作成	幼児児童生徒の一人ひとりの教育的ニーズに応じた「個別の指導計画」を作成し，より充実した教育を進める。
教員の専門性の向上	特別支援教育の推進のため，校内での研修の実施や校外での研修の参加により，教員の特別支援教育に関する専門性を向上させる必要がある。

（出典：文部科学省　2007　特別支援教育の推進について　より作成）

相談を受ける。対象となる子どもや学校のニーズ把握，指導内容や方法への助言，授業場面の観察，校内の支援体制づくりへの助言，個別指導計画の作成への協力，専門家チームと学校との橋渡しなどの支援を行う。

④専門家チーム　心理学の専門家や医師などの専門家で，LD や ADHD，高機能自閉症といった発達障害などに関する専門的知識を有する者で構成され，障害特性の判断や適切な支援策についての専門的な助言をする。

　発達障害の特性があると学習や生活でさまざまな困難を有し，周囲の理解と支援が重要となり，生徒指導上の十分に配慮することが大切になる。かかわりには，継続性と一貫性が必要で学校内で統一することが望ましい。同じ特性を持っていても出現する問題や対応も異なることが多く，個別対応が必要となる。

2　生徒指導上の留意事項

　いじめや不登校などの生徒指導上の諸問題に対しては，表面に現れた現象のみにとらわれず，その背景に障害が関係している可能性があるか否かなどの状況に十分留意し，慎重に対応する必要がある。そのため，生徒指導担当は障害についての知識を深め，特別支援教育コーディネーターをはじめ，養護教諭，スクールカウンセラーやスクールソーシャルワーカーなどと連携し，当該児童生徒への支援にかかわる適切な判断や必要な支援を行うことができる体制を整えておくことが重要である。進路指導の充実と就労の支援についても考えていく必要がある。障害のある児童生徒が，将来の進路を主体的に選択することができるよう，児童生徒の実態や進路希望などを的確に把握し，早い段階からの進路指導の充実を図る。また，企業などへの就職は，職業的な自立を図るうえで有効であることから，労働関係機関との連携を密にした就労支援を進めることが理想である。

●参考文献
木村順（監）　2010　これでわかる「気になる子」の育て方　成美堂出版
齊藤万比古・小枝達也・本田秀夫（編）　2017　ライフサイクルに沿った発達障害支援
　　ハンドブック　診断と治療社

第11章　キャリア教育と進路指導

　キャリア教育は，2017（平成29）年の小学校（中学校）学習指導要領の総則「第4　児童（生徒）の発達の支援」「1　児童（生徒）の発達を支える指導の充実」の (3) で，はじめてその文言が記載された。そこでは，「児童（生徒）が，学ぶことと自己の将来とのつながりを見通しながら，社会的・職業的自立に向けて必要な基盤となる資質・能力を身に付けていくことができるよう，特別活動を要としつつ各教科等の特質に応じて，キャリア教育の充実を図ること」（（　）のなかは中学校の記述）と明記された。そのため，学校教育では小学校から高等学校までの組織的・体系的なキャリア教育の推進と充実が必要となった。そこで本章では，キャリア教育と進路指導について説明する。

第1節　キャリア教育とは

1　キャリア教育の登場

　図11-1は，キャリア教育が必要となった背景と課題を示したものである。背景としては，少子高齢社会や雇用形態の多様化，情報技術革新などにより，将来の不透明さが増し，進路を取り巻く状況が大きく変化したことがあげられる。そこで，文部科学省は進路指導を中核に位置づけながら，こうした状況への適応にかかわる幅広い能力形成を支援するため，キャリア教育の推進を打ち出した。キャリア教育とは，キャリア発達と進路決定の指導とを調和させながら展開していこうとするものである。

　「キャリア教育」ということばがはじめて公的に登場したのは，1999（平成11）年の中央教育審議会答申「初等中等教育と高等教育との接続の改善について」である。この答申では，キャリア教育を「小学校段階から発達段階に応じて実施する必要がある」とし，その実施にあたっては家庭・地域との連携，体験学習の重視，教育課程のなかでの計画的実施の必要性があることを示した。

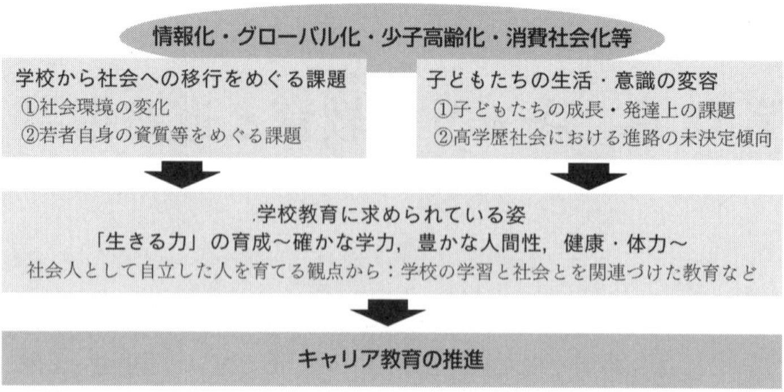

図11-1 キャリア教育が必要となった背景と課題
（出典：文部科学省 2011 高等学校キャリア教育の手引き より一部抜粋）

そして，2003（平成15）年に「若者自立・挑戦プラン」が策定され，「若者が自らの可能性を高め，挑戦し，活躍できる夢のある社会」と「生涯にわたり，自立的な能力向上・発揮ができ，やり直しがきく社会」がめざすべき社会としてあげられた。この社会を現実のものとするために，キャリア教育が展開されることになった。

2 キャリア教育の定義
(1) キャリアとは

「キャリア」という概念は，経歴や経験，専門的な知識や特別な訓練を要する職業，出世など，多様な用いられ方をされている。ここでは，2004（平成16）年「キャリア教育の推進に関する総合的調査研究協力者会議報告書」のキャリアの定義を用いる。それは，「個々人が生涯にわたって遂行する様々な立場や役割の連鎖及びその過程における自己と働くこととの関係付けや価値付けの累積」というものである。つまり，職業生活や家庭生活など，生活全体のなかで経験するさまざまな立場や役割全般をさすものとしてとらえるものである。

(2) キャリア教育とは

キャリア教育は，前述の報告書で「児童生徒一人一人の勤労観，職業観を育てる教育」と定義されている。これは，児童生徒がキャリアを形づくるために必要な能力や態度を育むことを目標とする教育活動であることを意味してい

る。それらの必要な力を育むためには，主体的に自身の生き方を選ぶことができるようにしなければならない。つまり，キャリア教育は児童生徒が将来にわたって，継続的な学習と労働を志向できるよう教育的なはたらきかけを行うことであるといえよう。

（3）キャリア発達

前述の報告書では，キャリア発達を「自己の知的，身体的，情緒的，社会的な特徴を一人一人の生き方として統合していく過程」と定義づけている。つまり，社会とかかわるなかで役割を果たし，自分らしい生き方を実現していくプロセスである。学校教育においても，発達段階とその段階における課題が存在する。各学校種でそれぞれの課題を達成することで，生涯にわたるキャリア発達の一端を学校がになうこととなり，このようなキャリア発達を支援するのがキャリア教育である。

3　キャリア教育の推進

（1）キャリア教育の意義

中央教育審議会は，1996（平成8）年「21世紀を展望した我が国の教育の在り方について」のなかで「生きる力」の育成を学校教育の基盤を位置づけた。これは，「学ぶこと」と「働くこと」を学校教育と関係づけて，児童生徒に生きることの尊さを実感させ，社会的自立・職業的自立をめざすものである。キャリア教育が実を結ぶには，キャリア教育の意義を明確にすることが重要である。各学校においてキャリア教育に取り組む意義として，文部科学省は2004（平成16）年「キャリア教育の推進に関する総合的調査研究協力者会議報告書」のなかで以下の3つを掲げている。

①教育改革の理念と方向性を示す　キャリア教育は，一人ひとりのキャリア発達や個としての自立をうながす視点から，従来の教育の在り方を幅広く見直し，改革していくための理念と方向性を示すものである。

②子どもたちの「発達」を支援する　キャリア教育は，「キャリアが子どもたちの発達段階やその発達課題の達成と深くかかわりながら段階を追って発達していくことを踏まえ，子どもたちの全人的な成長・発達を促す視点に立った取組を積極的に進めること」である。

③教育課程の改善をうながす　キャリア教育は，「子どもたちのキャリア発達を支援する観点に立って，各領域の関連する諸活動を体系化し計画的，組織的に実施することができるよう，各学校が教育課程編成の在り方を見直していくこと」である。

　また，2014（平成26）年の国立教育政策研究所「キャリア教育・進路指導に関する総合的実態調査」では，充実した計画に基づいてキャリア教育を行っている学校ほど，学習意欲が向上する傾向があることを示している。このことから，キャリア教育を推進するためには，これらの意義をしっかりと把握し，計画的，系統的，そして組織的に取り組むことが大切であろう。

（2）キャリア教育で育成する能力

　国立教育政策研究所生徒指導研究センターは，2011（平成23）年「キャリア発達にかかわる諸能力の育成に関する調査研究報告書」のなかで，キャリア教育で育成する「4領域8能力」と「基礎的・汎用的能力」との関係について示している（図11-2）。これは，各学校がキャリア教育で育成する能力として2002（平成14）年に同センターが示していた「4領域8能力」という概念にと

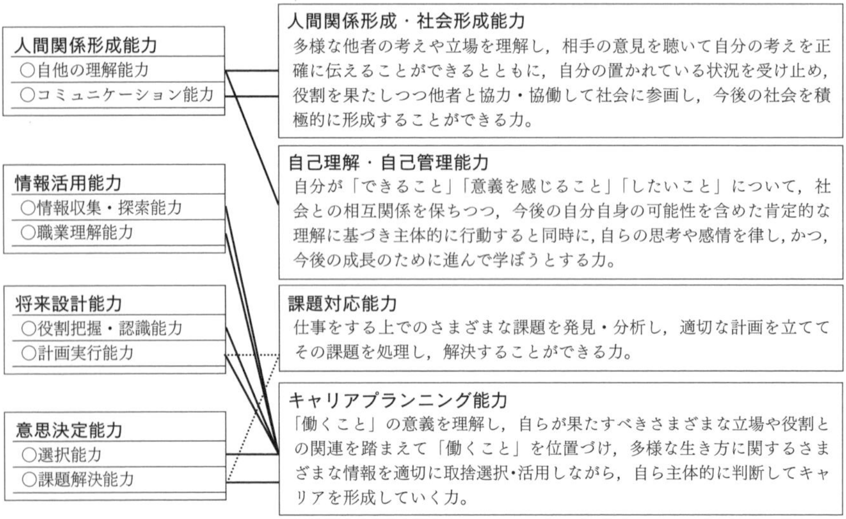

人間関係形成能力
　○自他の理解能力
　○コミュニケーション能力

情報活用能力
　○情報収集・探索能力
　○職業理解能力

将来設計能力
　○役割把握・認識能力
　○計画実行能力

意思決定能力
　○選択能力
　○課題解決能力

人間関係形成・社会形成能力
多様な他者の考えや立場を理解し，相手の意見を聴いて自分の考えを正確に伝えることができるとともに，自分の置かれている状況を受け止め，役割を果たしつつ他者と協力・協働して社会に参画し，今後の社会を積極的に形成することができる力。

自己理解・自己管理能力
自分が「できること」「意義を感じること」「したいこと」について，社会との相互関係を保ちつつ，今後の自分自身の可能性を含めた肯定的な理解に基づき主体的に行動すると同時に，自らの思考や感情を律し，かつ，今後の成長のために進んで学ぼうとする力。

課題対応能力
仕事をする上でのさまざまな課題を発見・分析し，適切な計画を立ててその課題を処理し，解決することができる力。

キャリアプランニング能力
「働くこと」の意義を理解し，自らが果たすべきさまざまな立場や役割との関連を踏まえて「働くこと」を位置づけ，多様な生き方に関するさまざまな情報を適切に取捨選択・活用しながら，自ら主体的に判断してキャリアを形成していく力。

＊破線は両者の関係性が相対的にみて弱いことを示す。

図 11-2　「4領域8能力」から「基礎的・汎用的能力」への転換

（出典：国立教育政策研究所生徒指導研究センター　2011　キャリア教育を創る）

られすぎたため，①生涯を通じて育成されるという観点の希薄化，②固定的なものとして把握，③領域や能力の不十分な理解，といった問題が生じたことに由来する。そこで，「4領域8能力」から「基礎的・汎用的能力」へのつながりを示すことで，それぞれの学校や地域の実情や，児童生徒の実態を踏まえながら，育成しようとする能力の目標を定めることができるよう転換が図られた。

（3）キャリア教育の実施手順

キャリア教育は，自己理解の促進，進路情報の提供，啓発的経験の提供，キャリアカウンセリング，就職・進学援助，追指導などを児童生徒に対して行う活動である。これらは，キャリア教育の中核となるものであり，各教科，道徳，総合的な学習の時間，特別活動など，教育活動全体をとおして実施されるものでなければならない。そのためには校内体制を整備する必要がある。文部科学省「小学校キャリア教育の手引き」では，次の8ステップでキャリア教育を推進するよう，その手順を例示している。それは，①「キャリア教育の視点を踏まえ，育てたい児童像を明確にする」，②「学校の教育目標，教育方針等にキャリア教育を位置づける」，③「キャリア教育推進委員会（仮称）を設置する」，④「教職員のキャリア教育についての共通理解を図る（校内研修）」，⑤「キャリア教育の視点で教育課程を見直し，改善する」，⑥「キャリア教育を実践する」，⑦「家庭，地域に対しキャリア教育に関する啓発を図る」，⑧「キャリア教育の評価を行い，その改善を図る」である。

この手順は，中学校に関してもほぼ同様の内容である。③にあるように，校内にキャリア教育推進委員会などの組織を位置づけることで，円滑にキャリア教育を推進することが可能となる。組織づくりにあたっては，学校全体や家庭，地域と連携するという観点をもち，校長が中心となって取り組むことが重要である。また，教職員の共通理解と一人ひとりの資質向上を図るため，校内研修による啓発活動を行うことが求められる。

（4）キャリア教育の実施体制

図11-3は，キャリア教育を実施するための校内体制を示したものである。実施にあたっては，特定の教職員が行うのではなく，学校教育にかかわるすべての教職員がキャリア教育を担当することになる。また，キャリア教育の推進

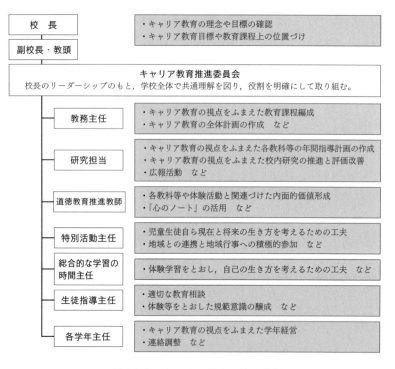

図 11-3 キャリア教育の校内体制
（出典：文部科学省　2011　小学校キャリア教育の手引き（改訂版）　を一部改変）

の目標を明確にし，計画的に実施するため，学校では全体計画と年間指導計画を作成している。

全体計画は，児童生徒のキャリア発達促進に必要な能力を育成するために，各学校における教育目標や育成する能力，教育内容，各教科との関連などを示すものである。各学校では，児童生徒や地域の実情にあわせて全体計画を作成することになる。文部科学省は「中学校キャリア教育の手引き」(2011) で，中学校の全体計画に次の項目を盛り込むことを例示している。それは，①必須の要件として記すべきことがら（各学校において定めるキャリア教育の目標，教育内容と方法，育成すべき能力や態度，各教科との関連），②基本的な内容や方針などを概括的に示すことがら（学習活動，指導体制，学習の評価），③その他（学校の教育目標，当該年度の重点目標，地域の実態と願い，生徒の実態，教職員の

願い，保護者の願い，校区小学校との連携）である。

　年間指導計画は，全体計画を具現化するものである。文部科学省は前出の手引きで，年間指導計画には「学年，実施時期，予定時数，単元名，各単元における主な学習活動，評価」などを盛り込むよう述べるとともに，年間指導計画作成の手順を示している。それは，①「各学校の生徒の学年などに応じた能力や態度の目標を決定する」，②「キャリア教育の全体計画で設定したそれぞれの能力や態度の目標に基づき，各学校の年間行事予定，学年別の年間指導計画に記載する内容を検討する」，③「各教科，道徳，総合的な学習の時間，特別活動および学級や学年の取組等を相互に関連づけた指導計画を作成する」，④「それぞれの能力や態度の到達目標に応じた評価の視点を設定し，明確化する」である。

第2節　進路指導

　進路指導は，児童生徒の将来の具体的な生活や生き方にかかわる重要な位置をしめる指導である。したがって，進路指導は生徒指導と同様，すべての児童生徒を対象として進められる指導である。以下で，進路指導の定義とキャリア教育との関係について簡潔に説明する。

1　進路指導の定義

　文部科学省は，「中学校・高等学校進路指導の手引」のなかで，進路指導を「学校における進路指導は，生徒自らが将来の進路を選択・計画し，就職または進学して，さらにその後の生活により良く適応し，進歩する能力を伸長するように教師が組織的・継続的に指導・助言する過程である」と定義づけている。

　この定義から，進路指導は児童生徒が自主的に自らの生き方を考えられるようになることを念頭においており，その考えに基づいて児童生徒が主体的に進路選択をできるように，教師は指導，援助していくことが重要であるといえる。つまり，進路指導は就職や進学の指導に主眼を置いているのではなく，その本質は児童生徒が主体的な進路選択能力や態度を育成することを援助することであるといえる。

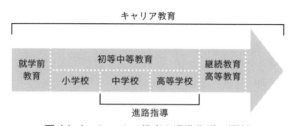

図 11-4 キャリア教育と進路指導の関係
（出典：文部科学省 2011 中学校キャリア教育の手引き）

2 キャリア教育と進路指導の関係

　進路指導は，教育活動全体をとおして計画的，組織的に行われるものであり，この点についてキャリア教育との差異はない。進路指導に対して，新たにキャリア教育という概念を用いた背景の1つとして，キャリア発達を想定した場合に，就学前から体系的に各発達段階の取り組みを考える必要が生じたことがあげられる。進路指導は，中学校や高等学校で求められた教育活動であるため，就学前からの活動であるキャリア教育とは取り組む期間に違いをみることができる。図11-4は，以上のような進路指導とキャリア教育との関係を示したものである。

　今後は，いっそうキャリア教育という用語が一般化するものと考えられるが，キャリア教育と進路指導との違いを認識したうえで，学校関係者は実践に努めなければならない。

第3節　キャリア教育に関連する事項

1 キャリアカウンセリング

　キャリアカウンセリングは，キャリア発達をうながすために児童生徒一人ひとりを理解し，その変容を的確にとらえて発達を支援する開発的教育相談である。宮城まり子は，キャリアカウンセリングの機能と目的として，①キャリアに関する正しい自己理解をうながす，②職業選択，キャリアの方向性について相談にのる，③キャリア目標達成のための道筋について相談にのる，④キャリアに関するさまざまな情報提供を行う，⑤生きること働くことへの動機づけ，自

尊感情の維持とさらなる向上を支援する，⑥キャリアに関する情緒的な問題解決の相談にのる，などをあげている。

2　キャリアプランニング能力

キャリアプランニング能力は，キャリア教育で社会的・職業的自立，学校から社会・職業への円滑な移行に必要な力として示された基礎的・汎用的能力の1つである（前出の図11-2を参照）。中央教育審議会は「今後の学校におけるキャリア教育・職業教育の在り方について（答申）」(2011)のなかで，キャリアプランニング能力を「『働くこと』の意義を理解し，自らが果たすべきさまざまな立場や役割との関連を踏まえて『働くこと』を位置づけ，多様な生き方に関するさまざまな情報を適切に取捨選択・活用しながら，自ら主体的に判断してキャリアを形成していくこと」と定義している。これは，生涯にわたって必要な能力であり，その能力には「学ぶこと・働くことの意義や役割の理解，多様性の理解，将来設計，選択，行動と改善」などがあげられている。この内容から分かるとおり，計画の策定だけではなく，キャリアプランニング能力は，実行と修正をも含んだ概念である。

3　特別活動とキャリア教育

学習指導要領において，キャリア教育とは「特別活動を要としつつ各教科等の特質に応じて」充実を図ることである。その内容は，表11-1に示したとおりである。この内容の指導にあたっては，学校の教育活動全体で行うこと，小

表 11-1　特別活動とキャリア教育

(3) 一人一人のキャリア形成と自己実現
ア　社会生活，職業生活との接続を踏まえた主体的な学習態度の形成と学校図書館等の活用 　　現在及び将来の学習と自己実現とのつながりを考えたり，自主的に学習する場としての学校図書館等を活用したりしながら，学ぶことと働くことの意義を意識して学習の見通しを立て，振り返ること。
イ　社会参画意識の醸成や勤労観・職業観の形成 　　社会の一員としての自覚や責任を持ち，社会生活を営む上で必要なマナーやルール，働くことや社会に貢献することについて感がえて行動すること。
ウ　主体的な進路の選択と将来設計 　　目標をもって，生き方や進路に関する適切な情報を収集・整理し，自己の個性や興味・関心と照らして考えること。

（出典：文部科学省　2017　中学校学習指導要領　より一部抜粋）

学校から中学校，高等学校へのつながりを明確にすることが大切であると指摘している。

4　キャリアパスポート

小学校から高等学校までのキャリア教育にかかわる活動について，学びのプロセスを記述し，振り返ることができる教材をキャリアパスポートという。キャリアパスポートの作成により，児童生徒の主体的に学ぶ力を育成し，キャリア形成に活用することができる。キャリアパスポートの記述方法については，①地域の実態や学校の特色を取り入れ，②小学校から高等学校までの学びの記録となるよう一冊にまとめて，継続的に活用できるようにすることが求められる。

5　体験活動

キャリア教育を推進するために，学校では児童生徒の発達に応じた体験活動を行っている。地域と連携した体験活動には，職場体験やインターンシップなどがある。表11-2は，小学校・中学校・高等学校におけるキャリア発達と職

表11-2　小学校・中学校・高等学校におけるキャリア発達と職場体験

小学校	中学校	高等学校
キャリア発達段階		
進路の探索・選択にかかる基盤形成の時期	現実的探索と暫定的選択の時期	現実的探索・試行と社会的移行準備の時期
・自己および他者への積極的関心の形成・発展 ・身のまわりの仕事や環境への関心・意欲の向上 ・夢や希望，憧れる自己イメージの獲得 ・勤労を重んじ目標に向かって努力する態度の形成	・肯定的自己理解と自己有用感の獲得 ・興味・関心などに基づく勤労観，職業観の形成 ・進路計画の立案と暫定的選択 ・生き方や進路に関する現実的探索	・自己理解の深化と自己受容 ・選択基準としての勤労観，職業観の確立 ・将来設計の立案と社会的移行の準備 ・進路の現実吟味と試行的参加
体験的活動（例）		
・地域の探検 ・家族や身近な人の仕事調べ・見学 ・インタビュー ・商店街での職場見学 ・中学校の体験入学	・家族や身近な人の職業聞き取り調査 ・連続した5日間の職場体験 ・子ども参観日（家族や身近な人の職場へ） ・職場の人と行動を共にするジョブシャドウイング ・上級学校の体験入学	・インターンシップ（事業所，大学，行政，研究所などにおける就業体験） ・学校での学びと職場実習を組み合わせて行うデュアルシステム ・上級学校の体験授業 ・企業訪問・見学

（出典：文部科学省　2006　小学校・中学校・高等学校キャリア教育推進の手引　より一部抜粋）

場体験などとの関連について示したものである。児童生徒の発達段階に応じた体験活動は非常に効果的であるが，それだけでなく，その効果は学校側にだけでなく保護者や地域にももたらされている。現在，中学校では5日以上の職場体験が進められているが，その内容や連携についてはさらなる充実が図られている。その今後の充実のためには，何よりも受入先との信頼関係を築くことが重要である。また，事前指導で児童生徒に体験活動の意義を理解させるとともに，事後指導でまとめの討論などを実施することが大切である。

●参考文献
小泉令三・古川雅文・西山久子（編著）　2016　キーワード キャリア教育——生涯にわたる生き方教育の理解と実践　北大路書房
国立教育政策研究所生徒指導研究センター　2002　児童生徒の職業観・勤労観を育む教育の推進について
中央教育審議会　2011　今後の学校におけるキャリア教育・職業教育の在り方について（答申）　ぎょうせい
文部科学省　2004　キャリア教育の推進に関する総合的調査研究協力者会議報告書
文部科学省　2006　小学校・中学校・高等学校キャリア教育推進の手引——児童一人一人の勤労観，職業観を育てるために
文部科学省　2011　小学校キャリア教育の手引き（改訂版）　教育出版
文部科学省　2011　中学校キャリア教育の手引き　教育出版
文部科学省国立教育政策研究所生徒指導・進路指導研究センター　2014　キャリア教育・進路指導に関する総合的実態調査

第12章　教育相談

　教育相談は，①学校という公教育の組織内で行われる学校教育相談，②都・道・府・県・市・郡（区）・教育事務所単位の教育研究所，教育センター・教育相談所（室）で行われる教育相談，③児童福祉法による児童相談所および社会福祉事務所，少年鑑別所，家庭裁判所，地域の警察署，地方自治体が付設する児童相談室，教育相談室，相談室などによる教育相談，④民間の営利・非営利の個人もしくは団体による教育相談，の4つに分けられている（新・教育心理学辞典）。組織・内容・方法などによる相違はあるが，一般的に教育相談という場合には，学校もしくは教育機関で行われる教育上の相談および指導に限定されて用いられていることが多く，その他の諸機関・施設で行われる相談は，児童相談，生徒・学生相談，家事相談，母子相談，福祉相談などとよばれていることが多い。

　本章では，上記①の学校で行われる教育相談について述べる。学校で行われる教育相談は，他と区別するために学校教育相談といわれることもあるが，ここではとくに区別せず教育相談と学校教育相談を同義のものとする。

第1節　教育相談とは

1　学習指導要領からの定義

　教育相談に関する詳細な記述は，2008（平成20）年7月に示された「中学校学習指導要領解説　特別活動編」のなかに「教育相談は，一人一人の生徒の教育上の問題について，本人又はその親などに，その望ましい在り方を助言することである」とあり，これが定義とされる。さらにその実践方法について「1対1の相談活動に限定することなく，すべての教師が生徒に接するあらゆる機会をとらえ，あらゆる教育活動の実践の中に生かし，教育相談的な配慮をすることが大切である」とし「生徒との相談だけでは不十分な場合が多いので『生

徒の家庭と連絡を密に』することも必要である」とされている（第4章の第1節の2）。これは2008年（平成20年3月，平成22年11月一部改正）の「学習指導要領」に対しての解説であり，学習指導要領中での教育相談についての記述は「教育相談（進路相談を含む。）」（第5章の第3の1の（2））と記されていることから，このときには教育相談に進路相談が含まれていることが特徴である。この記述は2009（平成21）年7月の「高等学校学習指導要領」にもある。

その後の2017（平成29）年7月の「中学校学習指導要領解説　特別活動編」では教育相談についての詳細な記述はない。これに対応する2017（平成29）年3月の中学校学習指導要領には，「一人一人が抱える課題に個別に対応した指導を行うカウンセリング（教育相談含む。）」（第5章の第3の2の（3））という記述があり，教育相談はより専門性を帯びてきていることがうかがえる。

なお，2008年中学校学習指導要領，2009年の高等学校学習指導要領および学習指導要領解説中にあった進路相談の文言は2017年ではなくなっている。その代わりにキャリアという文言が示され「一人一人のキャリア形成と自己実現」（中学校学習指導要領第5章の第2の2の（3），平成29年3月）のためには特別活動を要としながら学校教育全体でキャリア教育の充実を図ることを強調している。

2　その他の定義

学校教育において教育相談ということばが初めて用いられたのは，1965（昭和40）年に文部省（現文部科学省）が示した「生徒指導の手びき」であるとされている。教育相談は，児童生徒の学校不適応が社会的な問題になると注目され実践されてきたが，日常の教育活動として定着するとは言い難い状況であった。このような状況のなかで大野精一は，教育心理学の立場から教育相談の理論化を試み，「児童生徒の学習面，進路面，生活面の課題や問題に対して，情緒的のみならず情報的・評価的・道具的にもサポートをするため，『軽快なフットワーク，綿密なネットワーク，そして少々のヘッドワーク』を活動のモットーに，『反省的実践家としての教師』というアイデンティティの下で，すべての子どもにかかわり，一部の子どもとしのぎ，特定の子どもをつなげ，そして，すべての子どもがもっと逞しく成長・発達し，社会に向かって巣立って

いけるように，学校という時空間をたがやすところのチームによる実践的な指導・援助活動である」と定義した。これにより，教育相談の全体像が明確にされた。

また，日本学校教育相談学会では，「教師が児童生徒最優先の姿勢に徹し，児童生徒の健全な成長・発達をめざし，的確に指導支援すること」と定義している。この定義の特徴は，学校内で教師が行うことが前提にされているところであり，①児童生徒最優先の姿勢に徹する，②児童生徒一人ひとりに目を向ける，③児童生徒理解の格段の深化を図る，の3つの理念を掲げている。さらに教育相談の3機能として，①開発的教育相談（子どもたちの成長を指導・支援），②予防的教育相談（問題行動の早期発見・早期対処），③問題解決的教育相談（適応上の問題や心理面の問題など対する指導・支援）をあげ，これらすべてを重視して行うこととされている。

3 生徒指導と教育相談

2010（平成22）年3月に，文部科学省から生徒指導の基本書として「生徒指導提要」がまとめられた。過去の基本書としては1965年の「生徒指導の手びき」，1981年の「生徒指導の手引（改訂版）」があるが，「生徒指導提要」は，生徒指導の理論・考え方や実際の指導方法等について，時代の変化に即して網羅的にまとめられた240ページからなる新しいガイドブックである。「生徒指導提要」の第5章で教育相談について書かれているところから，概念的には生徒指導のなかに教育相談が含まれるという関係といえる。生徒指導について，「生徒指導は，一人一人の児童生徒の人格を尊重し，個性の伸長を図りながら，社会的資質や行動力を高めることを目指して行われる教育活動」と定義されている。さらに，「教師と生徒の信頼関係及び生徒相互の好ましい人間関係を育てるとともに生徒理解を深め，生徒が自主的に判断，行動し積極的に自己を生かしていくことができるよう」（中学校学習指導要領第1章の第4の2の(3)，平成20年3月）指導・援助することでもあると続けている。

表12-1に，生徒指導と教育相談の違いについてまとめた。定義の相違のほか，教育相談が人格の成長への援助を図るものに対し，生徒指導は積極的に自己を生かしていくことができるように指導や援助をすることという違いがあ

第 12 章　教育相談　139

表 12-1　生徒指導と教育相談の相違

	生徒指導	教育相談
定　義	一人一人の児童生徒の人格を尊重し，個性の伸長を図りながら，社会的資質や行動力を高めることを目指して行われる教育活動（生徒指導提要 第5章の第1節の1，平成22年3月）	一人一人の生徒の教育上の問題について，本人又はその親などに，その望ましい在り方を助言すること（中学校学習指導要領解説　特別活動編 第4章の第1節の2，平成20年7月）
内　容	教師と生徒の信頼関係及び生徒相互の好ましい人間関係を育てるとともに生徒理解を深め，生徒が自主的に判断，行動し積極的に自己を生かしていくことができるよう指導・援助すること	児童生徒それぞれの発達に即して，好ましい人間関係を育て，生活によく適応させ，自己理解を深めさせ，人格の成長への援助を図るもの
はたらきかける対象	集団（結果として個人）	個人
目　的	集団としての成果や変容	個人の内面の変容
方　法	学校行事や特別活動	面接や演習

る。また，はたらきかける対象および目的と方法について，「教育相談と生徒指導の相違点としては，教育相談は主に個に焦点を当て，面接や演習を通して個の内面の変容を図ろうとするのに対して，生徒指導は主に集団に焦点を当て，行事や特別活動などにおいて，集団としての成果や変容を目指し，結果として個の変容に至る」ところにある。全体的に概観すると，生徒指導は個人が積極的に社会参加をするための指導，教育相談は個人の内面的な成長に対する援助，ととらえられる。

　双方は重なるところが多いが，生徒指導の一環として教育相談が位置づけられており，教育相談は生徒指導の中心的な役割を担っている。

第2節　教育相談の進め方

1　誰が教育相談を行うのか

（1）スクールカウンセラー（SC）

　教育相談には児童生徒の心にはたらきかけるカウンセリングなどが必要であるとの認識のもと，1995（平成7）年度に「スクールカウンセラー活用調査研究」が創設され，2001（平成13）年度から「スクールカウンセラー活用等事業」が開始された。「スクールカウンセラー等活用事業実施要領」（平成25年4月1日）では「児童生徒の教育相談を受ける機関に児童生徒の臨床心理に関して高度に

専門的な知識・経験を有するスクールカウンセラー又はスクールカウンセラーに準ずる者を配置する」とし，教育相談は SC もしくはそれに準ずる者が行うものとしている。SC には，臨床心理士，精神科医，児童生徒の臨床心理に関して専門的な知識および経験をもった常勤の大学教員から選考された。

（2）スクールソーシャルワーカー（SSW）

児童生徒の心にはたらきかけるとともに，教育相談には児童生徒の置かれている環境（家庭，友人関係，学校，地域など）にはたらきかけて，子どもの状態を改善するために学校と関係機関をつなぐソーシャルワークの充実が必要とされ，2008（平成20）年度に「スクールソーシャルワーカー活用事業」が創設された。2016（平成28）年4月1日に一部改正された「スクールソーシャルワーカー活用事業実施要領」では，SSW には福祉の専門家として，社会福祉士や精神保健福祉士など，福祉に関する専門的な資格をもつ者が選考されるようになった。

（3）教師

教育相談は，学校以外の専門機関で始められて発展した経緯がある。しかし，「生徒指導提要」では，教育相談は特定の教師だけが行うものではなく，また，相談室だけで行われるものではないとしている。つまり，基本的に学校ではいつでもどこでもすべての教員が行うことができなければならない。教師には，教育の専門家としての研鑽が求められている。

2　どのような体制で行うのか

（1）環境の整備

表12-2 は，2017（平成29）年1月に，教育相談等に関する調査研究協力者会議から示された「児童生徒の教育相談の充実について――学校の教育力を高める組織的な教育相談体制づくり（報告）」のなかにある SC と SSW の職責と活動内容の特徴についてまとめたものである。SC は問題解決のための心理的な援助であるのに対し，SSW は問題解決のために社会制度などの環境的なはたらきかけを職責としており，それぞれの役割が明確にされている。これには，教職員（学校）を含め，「チームとしての学校（チーム学校）」として各専門家が連携して子どもたちを支援することが示されている。2015（平成27）年

第 12 章　教育相談　141

表 12-2　スクールカウンセラー (SC) とスクールソーシャルワーカー (SSW) の違い

	SC	SSW
職責	保護者，教職員に対して，カウンセリング，情報収集・見立て（アセスメント）や助言・援助（コンサルテーション）を行う。	児童生徒のニーズを把握し，支援を展開すると共に，保護者への支援，学校への働き掛け及び自治体の体制整備への働き掛けを行う。
活動の特徴	学校全体を視野に入れ，心理学的側面から学校アセスメントを行い，個から集団・組織にいたる様々なニーズを把握し，学校コミュニティを支援する。	児童生徒という個人だけでなく，児童生徒の置かれた環境にも働き掛け児童生徒一人一人のQOL（生活の質）の向上とそれを可能とする学校・地域をつくる。

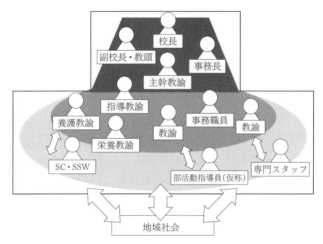

図 12-1　「チームとしての学校」像（イメージ図）

（出典：中央教育審議会　2015　チームとしての学校の在り方と今後の改善方策について（答申）（12月21日）から抜粋）

12月21日に，中央教育審議会が示した「チームとしての学校の在り方と今後の改善方策について（答申）」では，「チームとしての学校」を実現するためには，①専門性に基づくチーム体制の構築（チーム体制の構築），②学校のマネジメント機能の強化（優秀な管理職の確保），③教職員一人ひとりが力を発揮できる環境の整備（人材育成の充実）の3つの視点に沿って施策を講じることが重要であるとしている。

　図12-1は，「チームとしての学校」のイメージ図を抜粋したものである。特徴として，専門スタッフなどとの協働により複雑化・多様化する課題に対応し

ながら，教師は教育指導により専念することが示されている。つまり，教師は教育相談を，SC や SSW と連携しながら進めていくのである。

（2）教育相談の体制づくり

既存の会議などを活用して，教職員と SC および SSW による学校組織としての事案を把握する（スクリーニング）ための会議や，個別の事案に対応するためのケース会議を定期的に実施する必要がある。スクリーニングにより，問題の早期発見，支援，対応が可能となり，ケース会議により児童生徒の問題に対しての情報共有や，支援策について具体的に検討・決定することができる。定期的に開催されるケース会議では，決定した支援計画を見直したり支援方法を評価したりして改善を図る。また，児童生徒から直接教職員へ教育相談の申し出があった場合や，緊急性のある事案がある場合には，その他の活動よりもケース会議を優先することを教職員に周知しなければならない。

（3）教育相談コーディネーターの配置

児童生徒の問題に対して学校が組織として対応するためには，教育相談コーディネーターの存在が必要となる。教育相談コーディネーターは，発生した児童生徒の問題を把握し，学校内および関係機関などとの調整役として機能する。スクリーニングやケース会議などでは，その中心となって進めていく。一般的に，教育相談コーディネーターは，副校長，教頭，主幹教諭，養護教諭，あるいは特別支援教育コーディネーターが兼ねているが，学校の事情によりどの教師でも指名される可能性があるため，常日ごろから教育相談の理解を深めて活動している必要がある。

3 教師が学校現場で行う教育相談

教師が行う教育相談は，随時相談と定期相談に分けられる。随時相談は，児童生徒から自発的に相談の申し込みがあったり，教師から特別の機会を設けて行われるものである。定期相談とは，家庭訪問や三者面談などのように，定期的・計画的に行われるものである。

（1）問題に気づく

教育相談は，「チームとしての学校」のもと，SC および SSW などの専門家との連携により行われることになるが，学校で子どもたちの一番身近にいるの

第12章　教育相談　143

表 12-3　児童生徒の不適応問題に早期に気づくためのポイント

気づく変化	考えられる要因
学業成績の変化	成績の急低下は「心が勉強から離れてきた」「心が勉強どころではない不安定な状態になっている」ことのサイン。
言動の急変化	「遅刻・早退が多くなる」などの行動の急激な変化は，本人の中で心理的に大きな変化が生じていることに対応するもの。
態度，行動面の変化	顔色の優れなさ，表情のこわばり，行動の落ち着きのなさ，授業に集中できない，けがの頻発など態度や行動面に表れるサインにも注目。
身体に表れる変化	頻尿，頭痛，下痢，原因不明の熱など身体に表れるサインもある。
児童生徒の表現物	児童生徒の書いた作文，答案，描いた絵や作成した造形物などには，児童生徒が言葉には表現できなかった心が反映されていることに留意。
その他	日常，他の教員や保護者とよい関係を築いておく。「気軽に話せる」「率直に伝えられる」「相談しやすい」関係が児童生徒についての重要な情報をもたらすことに留意。

(出典：文部科学省　2010　生徒指導提要　から抜粋・一部加筆)

は教師であり，子どもたちの変化に気づき問題解決への窓口となることが多い。

　表 12-3 は，児童生徒の不適応問題に早期に気づくためのポイントをまとめたものである。学業成績，言動，態度・行動，体調（身体），表現物などは，何らかのサインとなって表れると考えられる。児童生徒のさまざまな変化を感じとるためには，日ごろから子どもたちを観察することが必要である。また，体育実技の授業や部活動の場面，休み時間，清掃時間，登下校中，給食中など，子ども同士でさまざまな接触がみられたときの会話や態度，行動から，それぞれの関係性を垣間見ることができる。これらの観察を怠らないことが，問題の早期発見と解決に導かれる。

(2) 子どもの話を訊く

　「訊く」には「尋ねる」という意味がある。児童生徒の話には注意深く耳を傾け，ことばにできなかった場合には，ことばにできるような質問をしながら話を進めたりすることで，建て前的な発言ではなく，内面を反映した発言を引き出しやすくなる。また，話のなかでは世間話であったり，問題にまったく関係のない話題であったりすることもあるが，その話題の背景に重要な問題が隠れていることがあるため，どんな話題であっても慎重に傾聴することが求められる。また，はじめから子どもの心を開かせようとするよりも，心が開いてくるのを待つつもりで，すぐに結論を急がないように心がけるほうがよい。

　表 12-4 は，子どもが話しやすくなるためのカウンセリング技法についてま

144

表 12-4　教育相談で用いるカウンセリング技法

技　法	具体的方法	例
つながる言葉かけ	いきなり本題から始めるのではなく，初めは相談に来た労をいたわったり，相談に来たことを歓迎する言葉かけ，心をほぐすような言葉かけを行う。	「部活のあと，ご苦労さま」「待ってたよ」「緊張したかな」など
傾聴	丁寧かつ積極的に相手の話に耳を傾ける。よくうなずき，受け止めの言葉を発し，時にこちらから質問する。	「そう」「大変だったね」など
受容	反論したくなったり，批判したくなったりしても，そうした気持ちを脇において，児童生徒のそうならざるを得ない気持ちを推し量りながら聞く。	
繰り返し	児童生徒がかすかに言ったことでも，こちらが同じことを繰り返すと，自分の言葉が届いているという実感を得て児童生徒は自信を持って話すようになる。	児童生徒「もう少し強くなりたい」教員「うん，強くなりたい」
感情の伝え返し	不適応に陥る場合には，自分の感情をうまく表現できない場合が少なくない。少しでも感情の表現が出てきたときには，同じ言葉を児童生徒に返し，感情表現を応援する。	児童生徒「一人ぼっちで寂しかった」教員「寂しかった」
明確化	うまく表現できないものを言語化して心の整理を手伝う。	「君としては，こんなふうに思ってきたんだね」
質問	話を明確化するとき，意味が定かでないときに確認する場合，より積極的に聞いているよということを伝える場合などに質問を行う。	
自己解決を促す	本人の自己解決力を引き出す。	「君としては，これからどうしようと考えている？」「今度，同じことが生じたとき，どうしようと思う？」

（出典：文部科学省　2010　生徒指導提要　から抜粋・一部改変・加筆）

とめたものである。教育相談中は基本的に話をつなげ，たとえ子どもの言動を
否定したくなっても，なぜそのような言動をとったのかを重要視し，発言中
のしぐさについてもよく観察して，内面を感じ取る努力が必要となる。教師
には，教育相談に際して「カウンセリングマインド」（カウンセラーのような態
度・心情）をもつことが求められる。

（3）授業や行事のなかで行う教育相談（心理教育）

　教育相談の一側面として，心理教育的なアプローチも含まれる。その技法を
表12-5に示した。心理教育的なアプローチとは，心理学で得られた知識を子
どもたちや保護者に紹介することで，大きな問題に発展することを未然に防い

第 12 章　教育相談　145

表 12-5　教育相談で活用できる心理教育的技法

技　法	内　容
グループエンカウンター	「エンカウンター」とは「出会う」という意味。グループ体験を通しながら他者に出会い，自分に出会う。人間関係作りや相互理解，協力して問題解決する力などが育成される。学級作りや保護者会などに活用できる。
ピア・サポート活動	「ピア」とは児童生徒「同士」という意味。児童生徒の社会的スキルを段階的に育て，児童生徒同士が互いに支えあう関係を作るためのプログラムである。「ウォーミングアップ」「主活動」「振り返り」という流れを一単位として，段階的に積み重ねていく。
ソーシャルスキルトレーニング	様々な社会的技能をトレーニングにより，育てる方法である。「相手を理解する」「自分の思いや考えを適切に伝える」「人間関係を円滑にする」「問題を解決する」「集団行動に参加する」などがトレーニングの目標となる。障害のない児童生徒だけでなく発達障害のある児童生徒の社会性獲得にも活用される。
アサーショントレーニング	「主張訓練」と訳される。対人場面で自分の伝えたいことをしっかり伝えるためのトレーニングで，「断る」「要求する」といった葛藤場面での自己表現や，「ほめる」「感謝する」「うれしい気持ちを表す」「援助を申し出る」といった他者とのかかわりをより円滑にする社会的行動の獲得を目指す。
アンガーマネジメント	自分の中に生じた怒りの対処法を段階的に学ぶ方法。「きれる」行動に対して「きれる前の身体感覚に焦点を当てる」「身体感覚を外在化しコントロールの対象とする」「感情のコントロールについて会話する」などの段階を踏んで怒りなどの否定的感情をコントロール可能な形に変えていく。また，呼吸法，動作法などリラックスする方法を学ぶやり方もある。
ストレスマネジメント教育	様々なストレスに対する対処法を学ぶ手法。初めにストレスについての知識を学び，その後「リラクゼーション」「コーピング（対処法）」を学習する。危機対応などによく活用される。
ライフスキルトレーニング	自分の身体や心，命を守り，健康に生きるためのトレーニング。「セルフエスティーム（自尊心）の維持」「意思決定スキル」「自己主張コミュニケーション」「目標設定スキル」などの獲得を目指す。喫煙，飲酒，薬物，性などの課題に対処する方法である。
キャリアカウンセリング	職業生活に焦点を当て，自己理解を図り，将来の生き方を考え，自分の目標に必要な力の育て方や，職業的目標の意味について明確になるようカウンセリング的方法でかかわる。

（出典：文部科学省　2010　生徒指導提要　から抜粋・一部改変・加筆）

だり，問題解決に役立ったり，また人間関係を構築することなどが期待できる。これは，個人を対象に行われるのではなく，集団を対象として行われるため，狭い意味での生徒指導の手法であるといえる。懇談会などの行事，道徳の授業や特別活動の時間，保健体育の授業などで展開される。

（4）予防的教育相談

子どもたちに問題が起こらないことが一番である。児童生徒は発達の途上にあるため，常に心理的にも身体的にも変化が起こっており，また塾や習い事，家庭や地域で受ける刺激は学校では把握しきれない。そのようななかで表面化する問題を未然に防ぐことは困難であろう。むしろ，問題の早期発見，早期対応が重要であり，そのためには何も起こっていないときのはたらきかけが大切である。たとえば，40人学級ならば，一人の子どもは1／40ではなく1／1であるという認識のもとで，一人ひとりに関心をもって個人を理解し，教師自身も率直な態度で接し，子どもと真摯に向かい合う心がけが必要である。このときに，子どもたちのよい面をみつけるようにすると理解しやすくなる。また，保護者との関係，他の教師や管理職との関係，SCやSSWとの関係についても，同じように良好な関係を構築しておく必要がある。

（5）教育相談のための日常的なサポート

子どもたちの課題や問題に対して，情緒的なサポートのみならず，情報的・評価的・道具的なサポートの視点をもつことで，具体的な支援の手掛かりを得やすくなる。

①情緒的サポート　声をかける，励ます，慰める，話を聞く，見守るなどのかかわりで，子どもたちを安心させたり勇気づけたりする。

②情報的サポート　授業中に答えられないときにヒントを出したり，人間関係がうまくいかないときにアドバイスしたり，進路についての情報を提供するなど，課題への取り組みや問題解決に役立つ情報の提供やアドバイスをする。

③評価的サポート　勉強の仕方，教師や友達への話し方などについて，よいところと悪いところを指摘するなど，課題への取り組み状況や生活状況について教師が評価をすることである。これは子どもの行動の評価であり，人間性の評価ではない。多感な時期にある子どもへの評価は誤解を招くことがあるので，信頼関係が構築された状況でなければサポートできない。

④道具的サポート　授業の内容が分からないときは，放課後などに時間をとって教えたり，友人関係で誤解があるときに仲介して誤解が解けるようにはたらきかけたりするなど，教師が労力や時間，環境調整などを調整して支援することである。また，学校生活で必要な物品を提供することも含まれる。

これまでの教育相談は，SC などの専門家によって行われていたという認識
であったが，これからの教育相談は，「チームとしての学校」全体で行うこと
が強調されている。そのなかで，実践およびマネジメントにおいて中心的な役
割を担うのが教師であることを忘れてはならない。教師は教育の専門家とし
て，子どもに一番近い存在として，そして教育相談の実践者としての活躍が期
待されている。

●参考文献 ───────────────────────────────────
今井五郎　2013　学校相談の定義と歴史 CD 版研修テキスト　日本学校教育相談学会
大野精一　1998　学校教育相談の定義について　教育心理学年報 37 巻
学校心理士資格認定委員会（編）　2012　学校心理学ハンドブック 第 3 版　風間書房
高橋陽一・伊東毅（編）　2016　新しい教育相談論　武蔵野美術大学出版局
依田新（監）　1979　新・教育心理学辞典　金子書房

第13章　生徒指導における連携

第1節　「生きる力」を育むための連携・協働

1　児童生徒の視点から生徒指導をとらえなおす

　生徒指導とは，「生徒指導提要」によると「一人一人の児童生徒の人格を尊重し，個性の伸長を図りながら，社会的資質や行動力を高めることを目指して行われる教育活動のこと」とされている。このことを児童生徒の視点からとらえなおすと，教育活動をとおして個々の人格が尊重され，発達の可能態として個性を大切に伸ばしてもらうなかで，社会的資質や行動力が高まることである。教育活動は，学校にかぎられたことではなく，家庭や地域社会においても日常的に行われる。そこで，あらゆる環境のなかで，個人の尊厳が重んじられ（教育基本法前文），人格が尊重され，個性の伸長が図られてこそ，「生きる力」が育まれ，その結果，自尊感情や社会的な自己有用感が高まることとなる。

2　教育政策における「生きる力」と連携・協働

　教育とは，「生きる力」を増し強める作用にほかならない。「生きる力」とは，2008（平成20）年の学習指導要領では，確かな学力，豊かな人間性，健康・体力といった知・徳・体のバランスのとれた力と説明されている。子どもたちの「生きる力」を育むためには，学校・家庭・地域が相互に連携しながら，社会全体で取り組むことが不可欠となる。

　2013（平成25）年に政府が策定した第2期教育振興基本計画（計画期間：平成25～29年度）においては，「自立」「協働」「創造」を基軸とした生涯学習社会の構築のため，「①教育における多様性の尊重」「②生涯学習社会の実現に向けた『縦』の接続」「③社会全体の『横』の連携・協働」「④教育現場の活性化に向けた国・地方の連携・協働」が共通理念として示された（図13-1）。

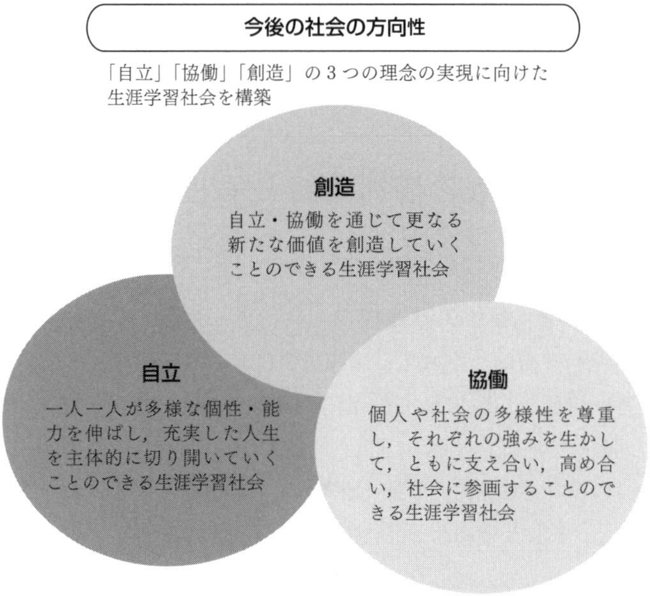

```
┌─────────────────────────────┐
│        今後の社会の方向性        │
└─────────────────────────────┘
```

「自立」「協働」「創造」の３つの理念の実現に向けた
生涯学習社会を構築

創造
自立・協働を通じて更なる
新たな価値を創造していく
ことのできる生涯学習社会

自立
一人一人が多様な個性・能
力を伸ばし，充実した人生
を主体的に切り開いていく
ことのできる生涯学習社会

協働
個人や社会の多様性を尊重
し，それぞれの強みを生かし
て，ともに支え合い，高め合
い，社会に参画することので
きる生涯学習社会

図 13-1　第２期教育振興基本計画における３つの理念
（出典：文部科学省　2013　第２期教育振興基本計画のパンフレットより）

　こうした政策を引き継ぎ，2017（平成29）年に改訂された新学習指導要領で
は，子どもたちに求められる資質・能力を社会と共有し，連携・協働によりそ
の実現を図っていく「社会に開かれた教育課程」が重視されることとなった。
　子どもの成長・発達にそくして「縦」「横」の連携・協働を実現し，子ども
のかかえるさまざまな課題を解決につなげていける教育政策の推進が希求され
ている。

3　子どもを取り巻く状況の変化と地域連携・協働
　少子高齢化の進展に伴う就学・就業構造の変化，技術革新やグローバル化の
進展に伴う産業構造や社会の変化を見すえた課題解決に向け，教育が大きな役
割を果たしていくことが求められている。一方，子どもの貧困，災害からの復
興など，地域のなかで子どもを支える環境整備への期待も大きい。
　子どもがかかえる課題の複雑化や多様性に対し，学校現場に求められる要望

150

も増大するなか，こうした課題に学校単独で対応するには限界があり，専門家や関係機関・団体，家庭，地域と連携・協働して対応できる組織体制の整備が必要不可欠となっている。

第2節　子どもの権利条約と子どもにやさしいまちづくり

1　子どもの権利条約の基本構造

　子どもの権利条約は，1989年に国連総会において全会一致で採択された世界共通の基準である。条約は，①いかなる種類の差別の禁止（2条），②子どもの最善の利益の第一次的考慮（3条），③生命・生存・発達の確保（6条），④子どもの意見の尊重・参加権の保障（12条）を一般原則としている。

　そのうえで，市民的権利および自由，虐待や体罰などの子どもに対する暴力からの保護，子どもの人格の全面的で調和のとれた発達のためにふさわしい家庭環境および代替的養護，障害，基礎保健および福祉，教育，余暇および文化的活動，あらゆる形態の搾取や危険な状態からの特別な保護措置など，子どもが成長・発達し，生きていくために必要な実態的権利を包括的に保障している（表13-1）。

　さらには，この条約の原則や内容を適当かつ積極的な手段により，おとなのみならず子どもに対しても広く知らせることとし，権利保障の責務を担うおとなと権利保有者である子どもに，知識および権利を行使できる実践的な力を身につけられるよう，広報啓発や教育により普及することが求められている。

　締約国は，この条約において認められる権利の実施のためにとった措置および権利の享受についてもたらされた進歩に関する報告を，国連・子どもの権利委員会に提出しなければならない。同委員会による審議の結果は，総括所見として，評価・懸念される部分が指摘され，今後の条約実現の課題が勧告される。

2　子どもにやさしいまちづくり

　こうした一般原則を基盤とし，子どもの権利条約を実際の子どもの生活圏域である地方自治体において，積極的に実現しようとする「子どもにやさしい

第13章　生徒指導における連携　151

表13-1　子どもの権利条約の基本構造

1．実施に関する一般的措置

締約国の実施義務（4条），条約広報義務（42条），締約国の報告義務（44条6項）

2．子どもの定義

子どもの定義（1条）

3．一般原則

①差別の禁止（2条），②子どもの最善の利益（3条），③生命への権利，生存・発達の確保（6条），④意見表明権（12条）

4．市民的権利および自由

名前・国籍を得る権利（7条），アイデンティティの保全（8条），思想・情報の自由（13条），思想・良心・宗教の自由（14条），結社・集会の自由（15条），プライバシー・通信・名誉の保護（16条），適切な情報へのアクセス（17条）

5．子どもに対する暴力からの保護

親による虐待・放任・搾取からの保護（19条），有害な伝統的慣行を廃止するための措置（24条3項），性的搾取・虐待からの保護（34条），死刑・拷問（体罰含む）等の禁止（37条a，28条2項），搾取・虐待など暴力の犠牲になった子どもの心身の回復と社会復帰（39条）

6．家庭環境および代替的養護

親の指導の尊重（5条），親からの分離禁止と分離のための手続（9条），家族再会のための出入国（10条），国外不法移送・不返還の防止（11条），親の第一次的養育責任（18条1～2項），家庭環境を奪われた子どもの保護（20条），養子縁組（21条），施設等に措置された子どもの定期的審査（25条），生活水準への権利（27条4項）

7．障害，基礎保健および福祉

生存・発達の確保（6条2項），親の第一次的養育責任と国の援助（18条3項），障害のある子どもの権利（23条），健康・医療への権利（24条），社会保障への権利（26条），生活水準への権利（27条1～3項），有害物質濫用からの保護（33条）

8．教育，余暇および文化的活動

教育への権利（28条），教育の目的（29条），少数者・先住民の子どもの権利（30条），休息・余暇，遊び，文化的・芸術的生活への参加（31条）

9．特別な保護措置

難民の子どもの保護・援助（22条），少数者・先住民の子どもの権利（30条），経済的搾取・有害労働からの保護（32条），麻薬・向精神薬の不法な生産・取引からの保護（33条），誘拐・売買・取引の防止（35条），他のあらゆる形態の搾取からの保護（36条），自由を奪われた子どもの適正な取り扱い（37条b～d），武力紛争における子どもの保護（38条），刑罰や武力紛争などの犠牲になった子どもの心身の回復と社会復帰（39条），少年司法（40条）

（出典：国連・子どもの権利委員会　2015　子どもの権利に関する条約第44条1項（b）に基づいて締約国が提出する定期報告書の報告の形式および内容に関する条約別指針　をもとに筆者が作成（最終条項等除く））

まち（Child Friendly Cities）」（以下，CFC）がユニセフにより提唱されている。CFCは，9つの基本構造と要素が相互に関連・依存しながら，子どもの現実の生活を向上させるという目的に焦点を当てている（表13-2）。

表13-2　子どもにやさしいまちをつくるための9つの基本構造と要素

1.　子ども参加の保障
　子どもに影響する問題に子どもが積極的に関わることを促進すること，また子どもの意見を聴き，決定過程で子どもの意見を考慮すること。

2.　子どもにやさしい法的枠組みをもつこと
　常に子どもの権利を守り促進する立法，枠組，手続きをもつこと。

3.　まち全体の子どもの権利戦略を策定すること
　条約に基づいた「子どもにやさしいまち」をつくるための詳細で包括的な戦略やアジェンダを進展させること。

4.　子どもの権利部局を作ること，あるいは調整するしくみをもつこと
　自治体において，子どもの視点を優先的に考慮する常設の組織を発展させること。

5.　子どもの影響評価を保障すること
　子どもに関する法律，政策，実践の影響について事前・事中・事後に評価する体系的なプロセスを保障すること。

6.　適切な子ども予算を確保すること
　子どものための適切な財源投入と予算分析を確保すること。

7.　まちの子ども白書が定期的に出されることの保障
　子どもと子どもの権利についての白書において十分なモニタリングとデータ集計を確保すること。

8.　子どもの権利を周知すること
　おとなや子どもに子どもの権利を周知すること。

9.　独立した子どもアドボカシーをもつこと
　子どもの権利を促進するために，NGOを支援すること，また独立した人権機関——子どもオンブズパーソンや子どもコミッショナー——を発展させること。

（出典：UNICEF Innocenti Research Centre　2004　BUILDING CHILD FRIENDLY CITIES—A Framework for Action, Florence, 翻訳：子どもの権利条約総合研究所）

　子どもが家庭，学校，地域社会におけるさまざまな活動に参加でき，自分たちが望むまちのあり方に意見を表明できるという「子どもの参加の保障」がCFCのすべての要素の基本とされている。条約では，「子どもに影響を与えるすべての事柄について自由に自己の見解を表明する権利」を保障し，「その際，子どもの見解が，その年齢および成熟に従い，正当に重視される」（12条）と規定している。つまり，家庭，学校，地域社会が連携し，おとなが子どもの意見を尊重し，子どもの参加が促進されるなかで，CFCは推進されることとなる。

第3節　学校と家庭，地域の連携・協働のあり方

1　地域社会の教育力の低下と子ども・子育て支援

　学校・家庭以外の広く社会で行われる教育を社会教育という。図書館や博物館，公民館といった公的な教育施設以外にも，スポーツクラブ，学習塾，習い事なども広い意味では社会教育に含まれる。地域社会においては，子ども会や町内会などの行事，伝統芸能や祭事，芸術鑑賞会など地域特有の文化活動が行われており，子どもたちは社会教育やこうした活動への参加を通じて，学びを深め，地域の人々とつながり，社会性を育み，行動力を高めていく。

　一方，ここ数年来，都市化や核家族化，家族の形態の変容，価値観やライフスタイルの多様化を背景に，地域社会のつながりや支え合いの希薄化による地域社会の教育力の低下や家庭教育の充実が指摘されている。子どもや家庭のかかえる問題が深刻化するなかで，気軽に相談する人もおらず，専門機関とつながることのできない家庭も存在する。こうした状況において，子どもの育ち，子育てを支援する地域基盤を再構築していくことが喫緊の課題となっている。

2　自治体における子どもにやさしいまちづくり

　1990年代後半になると，地方分権が推進されるなか，自治体においては，地域の実情にそった子ども施策が展開されはじめる。続いて，2003（平成15）年の次世代育成支援対策推進法により，自治体や事業主などに「行動計画」を策定することが義務づけられ，地域や職場において総合的かつ効果的な次世代育成支援対策が推進されるようになる。

　こうした流れのなかで，2000年代に入ると，子ども施策を推進していく法的基盤として子ども条例を制定するなど，子どもにやさしい計画を策定し，子どもの育ちを直接支え，子ども自らが主体的に生きていくことを総合的・継続的・重層的に支援していこうとCFCを推進する自治体が増えていく。

　子ども条例の効果は，第一に，子どもにかかわる部門の庁内体制を再編し，関係機関との情報共有，スムーズな連携・対応が可能になるなど，子ども施策推進体制が整備されることがあげられる。第二に，子どもの参加・意見表明の

促進，子どもの居場所・活動拠点の設置，子どもの相談・救済機関の新設や機能強化，子ども計画における子どもの権利施策の具現化といった条例に基づく具体的な事業が展開できることである。第三に，子どもや住民への子どもの権利学習の推進，子どもの権利に関する意識啓発・理解が促進されることである。第四に，市民・NPO・企業との協働事業の展開や地域ぐるみの子ども・子育て支援の機運の醸成につながることである。

3　子ども・若者育成支援の推進

2010（平成22）年には，日本国憲法および子どもの権利条約の理念にのっとり，子ども・若者育成支援施策を推進することを目的とし，子ども・若者育成支援推進法が施行された。

本法に基づき策定された「子ども・若者ビジョン」は，子ども・若者を育成の「対象」ではなく，社会を構成する重要な「主体」として尊重し，子ども・若者を中心にすえ，地域ネットワークのなかでの成長を支援する考え方に立っている。そこでは，「①子ども・若者の最善の利益を尊重」「②子ども・若者は，大人と共に生きるパートナー」「③自己を確立し社会の能動的形成者となるための支援」「④子ども・若者一人一人の状況に応じた総合的な支援を，社会全体で重層的に実施」「⑤大人社会の在り方の見直し」を基本理念としている。

本ビジョンによる施策を点検・評価する過程では，これまでの取り組みのなかで顕在化してきたものとして，「困難を抱えている子供・若者について，子供の貧困，児童虐待，いじめ，不登校等の問題は相互に影響し合い，複合性・複雑性を有していること」が指摘された。

2016（平成28）年には，「子ども・若者ビジョン」に代わる新たな大綱として「子供・若者育成支援推進大綱」が定められた。そのなかで，困難を有する子ども・若者の支援を重層的に行うために，「子ども・若者支援地域協議会」の設置促進・活動の充実などが示された。地域住民からの相談に応じ，関係機関の紹介その他の必要な情報の提供および助言を行う拠点として「子ども・若者総合相談センター」の充実も基本的な施策とされた。これにより，年齢階層で途切れることなく継続した支援を行う「縦のネットワーク」，同協議会の核となる機関・団体が中心となり，教育，福祉，保健，医療，矯正，更生保護，

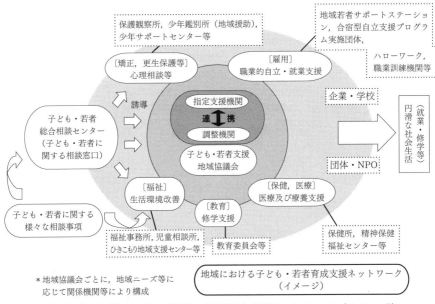

図 13-2 地域における子ども・若者育成支援ネットワーク（イメージ）

（出典：内閣府　2010　「子ども・若者育成支援推進法」概要図）

雇用などの関係機関・団体が，個々の子ども・若者に関する情報を適切に共有し，有機的に連携する「横のネットワーク」を機能させる方針が掲げられた（図13-2）。

4　これからの学校と地域の連携・協働のあり方

　こうした状況を踏まえ，文部科学大臣より中央教育審議会に対し，「新しい時代の教育や地方創生の実現に向けた学校と地域の連携・協働の在り方について」の諮問が行われ，2015（平成27）年12月に答申が出された。

　そこでは，これからの学校と地域の連携・協働の姿として，「①地域とともにある学校への転換」「②子供も大人も学び合い育ち合う教育体制の構築」「③学校を核とした地域づくりの推進」を掲げ，それらを具現化するための仕組みとしてコミュニティ・スクールや地域におけるさまざまな体制等のあり方について言及している。その理念は，未来を創り出す子どもたちの成長のために，社会総掛かりでの教育の実現を図ることを通じ，新たな地域社会を創り出し，

◎次代を担う子どもに対して，どのような資質を育むのかという目標を共有し，地域社会と学校が協働。
◎従来の地縁団体だけではない，新しいつながりによる地域の教育力の向上・充実は，地域課題解決等に向けた連携・協働につながり，持続可能な地域社会の源となる。

★より多くの，より幅広い層の地域住民，団体等が参画し，目標を共有し，「緩やかなネットワーク」を形成

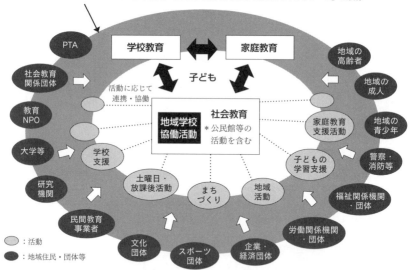

図 13-3 地域全体で未来を担う子どもたちの成長を支える仕組み（活動概念図）
（出典：文部科学省 2015 新しい時代の教育や地方創生の実現に向けた学校と地域の連携・協働の在り方と今後の推進方策について（答申のポイント等））

生涯学習社会の実現を果たしていくこととされている。

そして，地域における学校との連携・協働を進めていく際には，「何よりも子供を軸として検討することが必要である」とし，「子供たちを社会の主体的な一員として受け入れ，子供も大人も，より多くの，より幅広い層の地域住民が参画し，地域課題や地域の将来の姿等について議論を重ね，住民の意思を形成し，様々な実践へつなげていくことが重要である」としている。

答申では，地域と学校が連携・協働して，地域全体で未来を担う子どもたちの成長を支えていくそれぞれの活動を「地域学校協働活動」と総称し，その取り組みのために地域の人々や団体により「緩やかなネットワーク」を形成するとし，そのイメージを図13-3のように図式化している。

第13章　生徒指導における連携　157

第4節　連携活動における関係機関の種類と役割

1　教育に関する相談機関等

　教育委員会や地方教育事務所には教育相談所・相談室を置き，教育全般に関する相談を心理専門職や学校教育を専門とする相談員などが受けている。

　不登校相談に関しては，教育支援センター（適応指導教室），児童相談所，福祉事務所，病院などが相談にあたっている。フリースクールやフリースペースは，相談機能に加え，多様な学びを保障し，安心できる居場所としての役割も果たしている。学び直しの場としては，公立学校の夜間学級があるが，数は少ない。

　いじめ相談に関しては，24時間体制で相談窓口を設置し，教育委員会の実状により，児童相談所，警察，いのちの電話協会，臨床心理士会など，さまざまな機関との連携協力を行っている。いじめ防止対策推進法に基づき，いじめ問題対策連絡協議会を置き，関係機関との連携を図る自治体も増えている。

2　福祉に関する機関

　児童相談所は，子どもに関するあらゆる問題について相談に応じ，必要な援助や助言，指導を行う機関である。そこには，児童福祉司，児童心理司，医師などがいる。

　児童福祉施設は，被虐待児や養護を要する児童を入所させ養護する児童養護施設，不良行為をする児童を入所させ，その自立を支援する児童自立支援施設，軽度の情緒障害を有する児童の情緒障害を治療する児童心理治療施設などがある。

　被虐待児や非行児童など要保護児童の支援を図るためには，児童福祉法に基づき「要保護児童対策地域協議会」を置き，役割分担のなか責任をもってかかわれる体制を構築している。子ども・若者育成支援推進法に基づく「子ども・若者支援地域協議会」には対象となる年齢に関する規定はないため，これらを有機的に連携させることにより，幼児期から学童期，思春期を経て，青年期まで，子ども・若者のライフサイクルを見通した一貫した支援が可能となるとい

った指摘もされている。

　地域住民や子どもたちが安心して暮らせるように，住民の立場に立って相談・支援を行う民生委員・児童委員（主任児童委員）との連携も重要となる。

　近年，スクールソーシャルワーカー（SSW）を配置し，学校と関係機関や地域における子ども支援人材とのつなぎ役になり，困っている子どもや家庭を中心に周囲の環境にはたらきかけていく福祉的アプローチが欠かせなくなっている。

3　非行防止や健全育成のための機関

　少年の非行防止や健全育成を図るため，都道府県警察では少年サポートセンターを設置し，少年補導職員や少年相談専門職員を配置している。警察本部長から委嘱された少年補導員，少年指導委員，少年警察救助員と連携し，街頭補導活動や相談活動，被害少年支援などを行っている地域も多い。

　非行があるとされる少年は，家庭裁判所の調査や審判によって保護処分（少年院送致，児童自立支援施設または児童養護施設送致，保護観察）や教育的措置が決められる。また，少年鑑別所では，その非行に影響を及ぼした資質上および環境上問題となる事情を明らかにし，その事情の改善に寄与するため，適切な指針が示される。学校はこうした機関とも連携を図る機会が少なくない。

　法務大臣が委嘱した保護司と連携して，保護処分を受けた子どもの立ち直り支援や生活環境調整，非行防止活動を行うこともある。学校は非行の未然防止や立ち直り・自立支援といった観点から，関係機関と連携を図るなかで，矯正教育や少年司法の知識も活用していかなければならない。

4　子どもの人権を擁護する機関（図 13-4）

　法務省の人権擁護局，法務局・地方法務局の支局は，人権侵犯事件の調査・処理，人権相談，人権尊重思想の啓発活動に関する事務を行っている。電話による「子どもの人権 110 番」，インターネットによる「子どもの人権 SOS － e メール」，手紙による「SOS ミニレター」の相談なども行われている。職員や法務大臣から委嘱された人権擁護委員が相談や調査，広報活動を担っている。

　子どもの相談・救済に関する公的第三者機関（子どもオンブズパーソン）を設

第 13 章　生徒指導における連携　159

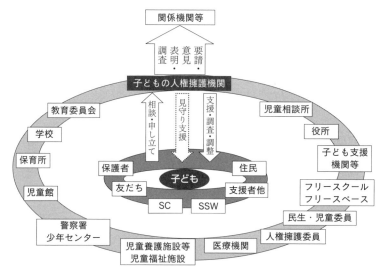

図 13-4　子どもの人権擁護機関と関係機関等との連携イメージ
（出典：世田谷区子どもの人権擁護機関　2017　せたホッとレター 第 7 号　をもとに筆者作成）

置する自治体もある。子ども自身を解決の主体と位置づけ，子どもの最善の利益を第一に考え，子どもの気持ちや現実に寄り添い問題解決にあたることが特徴である。子どもや保護者による子どもの権利侵害状況からの救済申し立てに応じて，関係機関に調査・調整に入る権限を有しており，その結果を踏まえ，関係機関に是正要請や意見を表明することもできる。条例に基づいた公正・中立な機関のため，関係機関と子ども支援ネットワークを組織することもできる。子どもの権利保障の観点から，学校，教育委員会事務局，関係機関との協議を深められる意味や効果は大きい。

●参考文献
荒牧重人・喜多明人・半田勝久（編）　2012　解説 子ども条例　三省堂
荒牧重人・半田勝久・吉永省三（編）　2016　子どもの相談・救済と子ども支援　日本評論社
喜多明人・森田明美・広沢明・荒牧重人（編）　2009　逐条解説 子どもの権利条約　日本評論社

第14章　学校安全の推進

第1節　学校安全の意義

　すべての人々が生きていくうえで，安全な社会の実現は最も基本的かつ不可欠なことである。安全とは，心身や物品に危害をもたらすさまざまな危険や災害が防止され，万が一，事件・事故が発生した場合，被害を最小限にするために適切に対処された状態である。個人だけではなく社会全体として，安全な社会を築いていくためにさまざまな取り組みを進める必要がある。しかし，現在社会においては，生命や安全を軽視する風潮もうかがえ，それに起因する事件・事故災害が発生していることから，私たちの周りにはその安全を脅かす数々の危険や災害が存在し，より深刻化しているといえる。そしてこれは，学校においても例外ではない。

　現在，わが国の5歳から19歳の死因別順位のうち疾病を除くと「不慮の事故」「自殺」が上位を占めている。このようなことからも，学校安全にかかわる活動の果たす役割は重要である。

　文部科学省は，学校保健安全法（旧学校保健法の改正，平成21年4月施行）に基づき，2012（平成24）年に「学校安全の推進に関する計画」を策定した。その後，第1次計画の計画期間（平成24〜28年度）が終了することから，新たな5年間（平成29〜33年度）における施策の基本的方向と具体的な方策について検討し，2017（平成29）年3月に「第2次学校安全の推進に関する計画」を策定した。「第2次学校安全の推進に関する計画」では，学校における安全管理の充実，系統的・体系的な安全教育の推進，学校安全に関する取り組みについて施策目標や具体的な推進方策が定められた。

　学校安全は，学校保健や学校給食とともに学校健康教育の3領域の1つであり，学校安全の領域としては，「生活安全」「交通安全」「災害安全」の3つ

の領域があげられる。学校安全のねらいは、幼児、児童および生徒が、自他の生命尊重を基盤として、自ら安全に行動し、他の人や社会の安全に

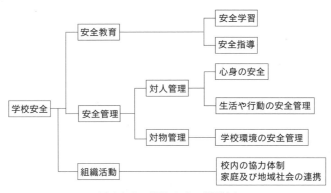

図 14-1 学校安全の構造図

(出典：文部科学省 2010「生きる力」をはぐくむ学校での安全教育)

貢献できる資質や能力を育成するとともに、児童生徒等の安全を確保するための環境を整えることである。また、①安全な環境を整備し事件・事故災害の発生を未然に防ぐための事前の危機管理、②事件・事故災害の発生時に適切かつ迅速に対処し、被害を最小限に抑えるための発生時の危機管理、③危機がいったん収まった後、心のケアや授業再開などの通常の生活の再開を図るとともに、再発の防止を図る事後の危機管理の3段階に対応することが大切であり、安全教育と安全管理、そして両者を円滑に進めるための組織活動という3つの主要活動から構成されている（図14-1）。

安全教育には、安全に関する基礎的・基本的知識を基盤とし、思考力、判断力を高めることによって安全について適切な意思決定ができるようにすることをねらいとする「安全学習」の側面と、安全に関して現在、あるいは近い将来に直面すると思われる問題を中心とし、安全の保持増進に関するより実践的な能力や態度、習慣を形成することを目指す「安全指導」の側面がある。これらは、相互の関連を図りながら、計画的、継続的に行う必要がある。また、安全教育を行う場合には、児童生徒等が安全に関する問題に興味・関心をもって積極的に学習に取り組める工夫が大切であり、そのためには視覚教材の活用、専門家による指導、ロールプレイング、体験学習などの導入が効果的である。

そして安全教育は、教育のあり方として位置づけられている「生きる力」とめざす資質や能力などの方向性が同じであることから、「生きる力」の育成に

とっても不可欠であるということができる。

　学校における安全管理は，児童生徒等の心身状態の管理およびさまざまな生活や行動からなる「対人管理」と，学校環境の管理である「対物管理」から構成される。安全管理は，基本的に教職員が中心となって行われるものであるが，児童生徒等が安全に配慮しながら安全点検にかかわったりするなど，関与参画させることは，安全教育の視点からも重要と思われる。

　安全教育や安全管理は，内容，対象となる場所，行われる機会などが多様である。安全教育と安全管理を効果的に進めるためには，教職員の研修，児童生徒等を含めた校内の協力体制や家庭および地域社会との密接な連携を深めながら，学校安全に関する組織活動を円滑に進めることが極めて重要である。

第2節　学校を取り巻く安全課題

　近年，わが国では少子高齢化や情報化，国際化，科学技術の発展などによる急激な社会変化に伴い，子どもたちを取り巻く環境も変化している。そしてそれは，とくに子どもたちの心身の健康に大きな影響を与え，生活習慣の乱れ，いじめ，不登校，児童虐待，子どもの貧困，災害や事件・事故発生時における心のケアなどのメンタルヘルスに関する課題，感染症，アレルギー疾患，喫煙，医薬品や脱法ドラッグを含めた薬物乱用，インターネット（SNS）・スマートフォンなどにおける情報モラルなどの課題が顕在化し複雑にからみ合っている。

　このような環境のなか，子どもたちの安全を考えるには，子どもたちの心身の発育発達段階に応じて考える必要がある。

1　小学生の安全課題

　小学生は，保護者や教師のしつけを素直に受ける時期であり，安全教育に対して習得の程度に個人差はあっても，一様に身につけようとすることから，安全教育にとって最適な時期といえる。それゆえに，危険について一通り教育することが可能であり効果も期待できるが，反対にこの時期に対する安全教育の内容が著しく不足してしまうと，その後の人生における安全にとって大きな不

第14章　学校安全の推進　163

利益を残すこととなるため，学童期における安全教育は非常に重要である。また，小学校の6年間における発育発達は大きな変化といえることから，成長段階に適した指導が大切である。

　低学年の児童は，危険を読み取る能力に未熟さが残っており，「見える危険（顕在的危険）」に対しては危険と判断できるが，「見えない危険（潜在的危険）」に対しては危険と判断できない。したがって，できるだけ実際的な場面のなかで，具体的な題材を用いて，知識および行動の両側面について安全教育を実施することが望ましい。

　中学年になると，行動範囲が広がるとともに，意識される生活空間も広がっていく。そのため，普段経験することの少ない場所や状況における潜在的危険について十分な指導が必要であり，自分たちの生活空間と関連づけて安全・危険の問題を具体的に考えるような教育や教師が行動で模範を示すなどの教育が非常に有効である。

　高学年では，成長するにつれて閉鎖的な仲間集団をつくり行動する機会が増え，冒険心や仲間への同調行動からあえて危険をおかし事故に遭う児童も少なくない。とくに，仲間への所属感を求める気持ちが高まるため，仲間が行っている危険行動に加わろうとすることから，危険な行動がいっそう過激になる場合がある。したがって，社会生活のルールや対人関係などにおいての指導や仲間の圧力（ピア・プレッシャー）にどのように対処して行動するのかといった教育指導が重要な要素となる。

2　中学生の安全課題

　思春期を迎えるこの時期は，心身ともに大きく変化（2次性徴）し，親から精神的に自立しようとするため，反発心をもつとともに背伸びしておとなっぽい行動をしようとする。また，これまで身につけてきた慣習や道徳，社会規範などに反発する中学生も現れ，いじめや暴力行為といった問題行動を含む危険行動の可能性が高まる時期でもある。

　こうした特徴をもつ中学生の安全教育においては，規則を守ることを強制したり，指示的な指導をしたりするよりも，安全規則を守ることの意義や安全行動を取ることの理由を分かりやすく示すことが大切である。その際，知識学習

を中心とした危険予測の教育のみにとどまってはいけないことを，教える側が認識していなければならない。そのため，①自己とのかかわりが意識されるような教育内容を設定し題材を提供すること，②動機，感情，コミュニケーション，責任，価値など，自己管理の観点や社会生活全般の技能習得という観点から安全教育を進めるなどが大切になる。また，教育方法に関する留意点として，指示的な指導は心理的反発を招きやすいことから，教育効果が得られないことがあるため，強い指導が求められる場面と，主体的な学習が求められる場面とを使い分けることが必要である。

さらに，中学生にとって仲間の存在は大きく，仲間の圧力（ピア・プレッシャー）は，中学生の行動を左右する重要な要因となる。たとえば，仲間はずれを恐れ，あえて仲間の前で危険なことをおかすことによって仲間の注目を集めたり，仲間集団への帰属感を高めたりし，ときには他者を危険にさらすこともありうる。このような場面においては，危険を回避する社会的スキルや適切な行動を選択できる判断力を身につける教育が求められる。

3 高校生の安全課題

高校生になると，思春期も後半に向かうことからおとなへの反発心が沈静化し，精神的にも落ち着きが見られるようになる。しかし，アルバイトや運転免許（二輪車や自動車など）取得が可能となるなど，生活の活動範囲が中学生に比べ格段に広がることや，体力面，知力面では成人に近づくが，日常経験の不足や自分の能力の過信によって事件・事故に巻き込まれる機会も必然と増える。

とくに，情報化社会における性的情報氾濫のなかで，暴行事件などが増加傾向にあり，一方ではインターネット・SNSの普及などで，自分の性を金に代えようと安易に考え逸脱行為に走る高校生も出ている。また，高校生においての仲間の圧力（ピア・プレッシャー）は，中学生時期に比べ，よりスリルや冒険を好む傾向にあるため危険性が高い。

そして，この時期は，自分の興味・関心や能力・適性，性格あるいは家庭や地域などにおける「自分の生きる条件」に適した自分らしい生き方を自分探しの過程で発見し，自分の納得できる生き方をつくり上げていくことができる反面，自分の興味・関心や利害などに傾きがちである。そのため，社会的貢献と

いった社会の一員としての役割を意識するなど，より大きな視点に立った生き方を促すことが必要である。そのためには，まず，高校生の行動が良くも悪くもモデルとなり，幼児や小学生の観察学習の対象になるという事実を理解させることが大切である。そして，運転免許（二輪車や自動車など）取得が可能となる時期においては，「被害者にならないための教育」と同時に「加害者にならないための教育」が具体的に求められる。

　教育方法としては，社会貢献という観点から安全教育にかかわり，社会的責任を意識する機会を経験することにより，安全のために何を考え，何ができるのかなどの気づきを促し，自分を守る安全教育から社会の安全に自分がどのようにかかわるのかを意識する安全教育へ発展することが重要である。

4　障害のある児童生徒等の安全課題

　現代社会においては，障害の有無にかかわらず，国民誰もが相互に人格と個性を尊重し支え合う「共生社会」の実現に向け，心や環境のバリアフリーが求められている。

　近年，児童生徒等の障害は重度・重複化，多様化している。したがって，安全な日常生活を送るために介助を必要とする児童生徒等から，職業的に自立をめざす児童生徒等に至るまで，障害の状態に大きな差があることを理解したうえで，個別に安全教育の内容や進め方を検討することが必要である。そして，LD（学習障害），ADHD（注意欠如・多動性障害），高機能自閉症などの発達障害のある児童生徒等に対しても，幼稚園，小学校，中学校などをとおして理解度や行動の特徴に応じて個別に安全指導の計画をつくり，実施することが求められる。

　障害のある児童生徒等が，自ら安全に行動するためには，冷静に考える力，前後の事情を総合して物事をどうするかを決める力，言葉によるコミュニケーションにかぎらず，表情や身振り，手話や指文字，コンピューターなどの情報機器や文字カード・絵カードなどの道具を使ってコミュニケーションできる力，一人ひとりのニーズに対応した技術や能力などの育成を図ることが必要であり，学校社会や社会生活のなかで安全に行動できる態度を身につけていくことが大切である。また，障害のある児童生徒等が，安全面でどのようなことに

困っているのかを障害のない児童生徒等と一緒に考え，意識を共有することは，障害のない児童生徒等の意識や行動を変える機会となり，すべての人が安全な社会生活を送ることの大切さを考えることにつながる。

そして，環境の変化が著しい現代社会において，安全面での困難も変化することから，障害のある児童生徒等の視点から，安全指導を定期的に見直すことが重要である。

第3節　児童生徒を取り巻く危険

1　喫煙・飲酒・薬物乱用

近年，未成年者の喫煙および飲酒については減少傾向がみられるが，決して少ないとはいえない。また，薬物乱用に関しては，学校等のさまざまな取り組みにより薬物を使うべきではないと考える児童生徒が増加した一方（図14-2），大麻やMDMA等合成麻薬については，若者を中心に乱用されている状況がうかがわれる。こうしたなか，政府は薬物乱用対策推進本部（現：薬物乱用

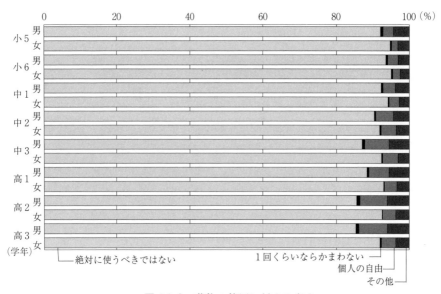

図14-2　薬物の使用に対する考え

（出典：文部科学省スポーツ・青少年局学校健康教育課　2012　薬物等に対する意識等調査報告書）

対策推進会議）において，2008（平成 20）年 8 月に「第三次薬物乱用防止五か年戦略」を策定し，2010（平成 22）年 7 月に「薬物乱用防止戦略加速化プラン」を策定した。さらに，2013（平成 25）年 8 月「第四次薬物乱用防止五か年戦略」を策定し，薬物乱用の根絶を図るため，政府を挙げた総合的な対策を推進している。

　喫煙・飲酒・薬物乱用は青少年の健康や生命にかかわる問題であるため，今後も関係機関が連携し，薬物乱用の根絶に向けた取り組みのいっそうの充実が求められる。そして，とくに学校における喫煙・飲酒・薬物乱用に関する指導・教育の充実強化が重要である。

2　インターネット（SNS）・スマートフォン

　現代社会は，情報化が急激に進み，児童生徒においてもスマートフォンが広く普及していることから，児童・生徒がインターネットを経由した犯罪に巻き込まれるケースが非常に多くなっている。

　2016（平成 28）年度の内閣府調査によると，小学生のスマートフォン所有率は 16.6%，中学生のスマートフォン所有率は 42.7%，高校生のスマートフォン所有率に至っては，90.5% であった。さらに，「いわゆる格安スマートフォン」「機能限定スマートフォンや子ども向けスマートフォン」「携帯電話の契約が切れたスマートフォン」を加えると，小学生の所有率は 27.0%，中学生の所有率は 51.7%，高校生の所有率は 94.8% であり，このような状況は年々増加傾向にあることから，インターネットが子どもたちの身近に存在し，インターネットアクセスによるリスクに遭遇する機会も増大している。

　インターネットにかかわる危険としては，出会い系サイトを介した児童買春やわいせつな画像等を撮られる児童ポルノ，非出会い系とよばれるプロフィールサイトや SNS（ソーシャル・ネットワーキング・サービス），コミュニケーションアプリ（LINE など）を介した事件，または学校裏サイトとよばれるインターネット上のサイトでの誹謗中傷にかかわるトラブルなどがあげられる。

　こうした問題は，性別や学年段階によって遭遇しやすい内容が変わってくると同時に，時代によっても変化する。インターネットなどの情報化が進んだ現代では，おとなたちが子どものころには想像もしなかった事件が発生すること

から，学校による情報モラル教育の充実や各家庭による対策，また，日ごろから社会の動きに関心をもち，身近で発生した事件等についてもこまめに情報収集を行うことなどが未然防止につながる。

3 自殺

1998（平成10）年以来，わが国では年間自殺者数が3万人を超え，交通事故死者数の5倍以上にものぼることから深刻な社会問題となっている。厚生労働省の調査によると，2015（平成27）年における死因順位別死亡数・死亡率において，15～39歳までの死因1位は自殺であり（表14-1），10～14歳においても2位であった。しかし，子どもの自殺予防に対する関心は，かならずしも高いとはいえないのが現実である。

子どもの自殺を考えるとき，まずいじめが連想される。確かに，ときにはいじめが唯一の原因となって生じる自殺もあり，そのような場合には慎重かつ徹底的に事実関係を調べる必要があるが，同時に子どもの自殺の多くはさまざまな原因からなる複雑な現象で起こっていることを理解しなければならない。

子どもの自殺予防については，2006（平成18）年6月に成立した「自殺対策基本法」等の趣旨を踏まえ，2007（平成19）年3月には「子どもの自殺予防のための取組に向けて」（第1次報告）を取りまとめた。さらに本報告を受け，

表14-1 死因順位別死亡数

年齢	第1位		第2位		第3位	
	死因	死亡数（人）	死因	死亡数（人）	死因	死亡数（人）
0歳	先天奇形等	708	呼吸障害等	247	乳幼児突然死症候群	93
1～4歳	先天奇形等	157	不慮の事故	108	悪性新生物	68
5～9歳	悪性新生物	100	不慮の事故	87	先天奇形等	31
10～14歳	悪性新生物	107	自　殺	88	不慮の事故	74
15～19歳	自　殺	446	不慮の事故	289	悪性新生物	147
20～24歳	自　殺	1051	不慮の事故	364	悪性新生物	176
25～29歳	自　殺	1230	悪性新生物	323	不慮の事故	304
30～34歳	自　殺	1398	悪性新生物	654	不慮の事故	354
35～39歳	自　殺	1572	悪性新生物	1284	心疾患	512

（出典：厚生労働省　平成27年 人口動態統計月報年計（概数）の概況（死因順位より））

2008（平成20）年3月より調査研究協力者会議を設置し，学校現場における自殺予防方策について，専門家や学校関係者による調査研究を実施し，本会議の取りまとめとして「教師が知っておきたい子どもの自殺予防」のマニュアルを作成した。そして，子どもの自殺予防のためには，子どもが経験しているストレス，心の病，家庭的な背景，独特の性格傾向，衝動性などといった背景を探り，自殺の実態に迫ることと同時に，単独の努力だけではなく家庭，地域，学校，関係機関の協力が重要である。

4　児童虐待

2015（平成27）年における全国の児童相談所での児童虐待相談対応件数は10万3,286件で過去最高を記録したが，2016（平成28）年は12万2,578件（速報値）と前年の数値を大きく超える結果であった。児童虐待の防止等に関する法律（児童虐待防止法）が2000（平成12）年11月に施行されたが，依然として児童虐待の増加し続けているのが現実である。

児童虐待は，「身体的虐待」「性的虐待」「ネグレクト（保護の怠慢）」「身体的虐待」の4種類に分類される（表14-2）。

このような児童虐待は明らかに人権の侵害であり，犯罪行為である。そして子どもの心や体に傷を残すだけでなく，生命の危険さえある深刻な問題であることから，発生予防，そして早期発見，早期対応が重要である。そのため，家庭以外で最も長い時間を過ごす学校は，児童虐待を発見しやすい立場にあることから，教職員，とくに学級担任は早期発見に努めなければならない。

表 14-2　児童虐待の定義

身体的虐待	殴る，蹴る，叩く，投げ落とす，激しく揺さぶる，やけどを負わせる，溺れさせる，首を絞める，縄などにより一室に拘束する　など
性的虐待	子どもへの性的行為，性的行為を見せる，性器を触る又は触らせる，ポルノグラフィの被写体にする　など
ネグレクト	家に閉じ込める，食事を与えない，ひどく不潔にする，自動車の中に放置する，重い病気になっても病院に連れて行かない　など
心理的虐待	言葉による脅し，無視，きょうだい間での差別的扱い，子どもの目の前で家族に対して暴力をふるう（ドメスティック・バイオレンス：DV）　など

（出典：厚生労働省ホームページ）

第4節　生徒指導における安全教育

1　安全教育の進め方

　学校における安全教育は，一般的に「安全学習」と「安全指導」に区分される。安全学習は，主に教科（関連教科や総合的な学習の時間）を，安全指導は，特別活動（学級活動や学校行事）を中心に進められるが，それ以外にも児童（生徒）会活動，クラブ活動などの自発的・自治的な活動や日常の学校生活において行われるものである（図14-3）。したがって，安全教育を効果的に進めるためには，さまざまな機会における安全学習，安全指導を密接に関連付けながら推進していくとともに，学校安全の目標を実現するために，各学校で基本的な方針を明らかにし，指導計画を立て，意図的，計画的に推進することが重要である。また，朝の会，帰りの会などの短時間での指導や休み時間など，その場における指導および個に応じた指導にも配慮し，計画的な指導と関連付けることも大切である。

　そして，安全教育を考えるうえで，決して切り離せないことが安全管理である。なぜなら，個人の行動だけで十分な安全を確保することは困難であるからである。学校内の施設・設備の安全点検と事後措置とを関連させた生活や行動に関する指導を一体的に進めることは，日常生活での事故を減らすうえで欠か

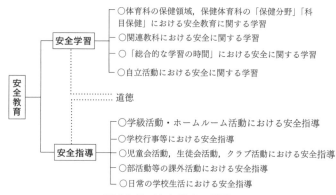

図 14-3　安全教育の構造
（出典：文部科学省　2010　「生きる力」をはぐくむ学校での安全教育）

第14章　学校安全の推進　171

すことができない。環境づくりを推進していくとともに，安全教育によって児童生徒等自身が安全な行動を実践していくことが，安全活動の効果をよりいっそう高めることにつながる。

2　教育課程における安全学習

各教科における安全学習については，体育科および保健体育科を中心に，系統的に進めていく必要がある。とくに，事故災害の原因や防止の仕方，あるいは事故発生時の応急手当など，保健の学習において計画的に実施されなければならない。また，他の教科においても，その特性に応じて，生活安全・交通安全・災害安全に関する安全学習を行ったり，必要に応じて学習活動を安全に行うための安全指導を実施することが大切である。

3　教育課程における安全指導

教育課程における安全指導は，「学級（ホームルーム）活動における安全指導」「学校行事における安全指導」「児童（生徒）会活動およびクラブ活動等における安全指導」「日常の学校生活における安全指導」の4つに分類される。

(1) 学級（ホームルーム）活動における安全指導

学級（ホームルーム）活動における安全指導は，実際に生きて働く知識，態度，習慣などを確実に身につけていくことをめざしているといえる。また，学級（ホームルーム）活動における安全指導は，学校における安全に関する指導全体のなかで，最も実践的で具体的な指導が展開されるものであり，安全教育における中心的な役割をもつものと位置づけることができる。したがって，学級（ホームルーム）活動における安全指導の時間は，各教科や道徳，学校行事および児童（生徒）会活動の特別活動で指導される安全に関する事項を，児童生徒等一人ひとりの実態にそくして補充し，深化し，統合していくための指導の場であるととらえることができる。

(2) 学校行事における安全指導

学校行事を安全指導の観点から考えると，学校行事として「生活安全」「交通安全」「災害安全」について，計画的・組織的に安全のための行動の体得に資する活動を行い，よりよい学校生活，社会生活を築こうとする自主的，実践

な態度の育成をめざすものである。したがって，学校行事は自他の生命を尊重するとともに，安全の重要性を理解し，実践することから，安全教育の目標を実現させるうえで重要な活動の場となる。

（3）児童（生徒）会活動およびクラブ活動等における安全指導

児童会活動を安全指導の観点から考えると，安全指導がめざす，日常生活における安全のための必要な事柄を理解させ，自他の生命を尊重し，安全な生活を営むことができる資質や能力を，児童会活動における児童の自発的・自治的な実践活動を通じていっそう深化され，拡充されていくものといえる。

また，生徒会活動を安全指導の観点から考えると，生徒会活動としての教師の適切な指導のもとに，生徒の自発的・自治的な活動によって，自他の生命を尊重し的確な判断力を伸ばし，適切な意思決定と行動選択ができる資質や能力を培うことをとおして，「生活安全」「交通安全」「災害安全」の諸問題を解決しながら学校生活を向上させることにあるといえる。

これらの活動の過程をとおして，児童生徒の安全意識や実践意欲を高めていくことが重要である。

（4）日常の学校生活における安全指導

教科や特別活動等における安全学習，安全指導のほかにも，「朝の会」「帰りの会」「休み時間」などの日常の学校生活における安全指導も考えられる。これは，学級（ホームルーム）活動における安全指導とは異なるが，1単位時間の指導内容や学校行事の指導内容を補充，発展させる側面があることから，それらの指導と関連させて進めるように配慮する。また，多動と注意力不足等がみられる児童生徒においては，その実態をよく把握するとともに，個別的な安全指導の計画を作成し，安全上特別な指導が必要である。

●参考文献
天笠茂（監）2015 子どもの心と体の健康を育む学校づくり　管理職課題解決実践シリーズ3．ぎょうせい
小川信夫・岩崎明（編著）2007 いますぐ取り組む学級の安全管理・危機管理　黎明書房
齋藤歓能（監）2006 学校安全と危機管理　大修館書店
袖井孝子・内田信子（編）2010 子どものくらしの安全・安心〜命の教育へ2——児童期から青年期にかけて　金子書房
文部科学省　2010 「生きる力」をはぐくむ学校での安全教育

第15章　生徒指導に関する法制度

　憲法第26条第1項は、「すべて国民は、法律の定めるところにより、その能力に応じて、ひとしく教育を受ける権利を有する」と規定しており、学校の教育活動は法令等に基づいて行われる。いわゆる「教育の法律主義」である。
　生徒指導についても、関連するさまざまな法令等がある。ここでは、それら法制度の基礎的な内容を取り上げる。

第1節　校則

1　校則の根拠法令
　校則は、学校が教育目標を実現していく過程において、児童生徒が守るべき学習上、生活上の規律として定められている。「学校のきまり」「生活のきまり」「校則」「生徒心得」「生徒規則」などとよばれている。
　校則について定める法令の規定はとくにないが、判例では、校長は「学校が教育目的を達成するために必要かつ合理的範囲内において校則を制定し、児童生徒の行動などに一定の制限を課することができる」とされている。ただし、法的根拠については諸説あり、判例の見解が一致しているわけではない。

2　校則の内容
　校則の内容は、社会通念に照らして合理的と考えられる範囲内で、学校や地域の実態に応じて適切に定められる。「生徒指導提要」(2010(平成22)年、文部科学省)には、次のような校則の例が掲載されている。
・通学に関するもの(登下校の時間、自転車・オートバイの使用等)
・校内生活に関するもの(授業時間、給食、環境美化、あいさつ等)
・服装、髪型に関するもの(制服や体操着の着用、パーマ・脱色、化粧等)
・所持品に関するもの(不要物、金銭等)

表 15-1　携帯電話等の取り扱いに関する学校の取り組み状況

指導内容	学校種	校数（％）
携帯電話等の持ち込みを原則禁止	小学校	20,527 校 (94%)
	中学校	9,936 校 (99%)
	高等学校	887 校 (20%)
持ち込みを認めるが，授業中の使用を禁止		2,525 校 (57%)
持ち込みを認めるが，学校内での使用を禁止		798 校 (18%)

※中学校は中等教育学校の前期課程を，高等学校は後期課程を含む。
（出典：文部科学省　2008　学校における携帯電話等の取扱い等に関する調査　から作成）

・欠席や早退等の手続き，欠席・欠課の扱い，考査に関するもの
・校外生活に関するもの（交通安全，校外での遊び，アルバイト等）

　校則は，社会環境とともに変化する。たとえば，表 15-1 は学校における携帯電話等の取り扱いについて，2008（平成 20）年に文部科学省が行った調査の結果であるが，近年のスマートフォンやソーシャル・ネットワーキング・サービス（SNS）などの急速な普及に伴い，実態に応じたルールの見直しが求められている。

3　校則の運用

　学校は，校則と校則指導が適切なものとなるよう，児童生徒の実態，保護者の考え方，地域の実情，時代の進展などを踏まえ，校則の積極的な見直しを図る必要がある。

　校則の運用のポイントをまとめると，次のようになる。

①**校則の目的を明確にする。**なぜその校則が必要か，校則の指導を通じて，児童生徒がどのように成長するのかを十分に検討する。

②**学校の教育課程と関連づけて指導する。**たとえば，携帯電話等の指導では，情報モラル教育や道徳教育，学級活動・ホームルーム活動や児童会・生徒会活動の主体的，自治的な活動と結びつけることなどが考えられる。

③**校則に違反した場合の対応を決める。**指導や懲戒の基準と内容，指導の手順と教員の協力体制などについて，校内の共通理解が必要である。

④**校則の内容，目的，具体的な指導等を児童生徒や保護者に確実に伝える。**また，児童生徒や保護者の意見を聞くことも大切である。

第2節　懲戒と体罰

1　懲戒と体罰の根拠法令

　懲戒とは，児童生徒の望ましくない行為に対し，教育上必要な配慮をしながら，こらしめたり，いましめたり，制裁を加えたりすることである。

　学校教育法第11条は，「校長及び教員は，教育上必要があると認めるときは，文部科学大臣の定めるところにより，児童，生徒及び学生に懲戒を加えることができる。ただし，体罰を加えることはできない」と規定している。

　懲戒については，「文部科学大臣の定めるところ」，すなわち省令である学校教育法施行規則の第26条が，次のように定めている。

---

①校長及び教員が児童等に懲戒を加えるに当つては，児童等の心身の発達に応ずる等教育上必要な配慮をしなければならない。

②懲戒のうち，退学，停学及び訓告の処分は，校長（大学にあつては，学長の委任を受けた学部長を含む。）が行う。

③前項の退学は，公立の小学校，中学校（学校教育法第七十一条の規定により高等学校における教育と一貫した教育を施すもの（以下「併設型中学校」という。）を除く。），義務教育学校又は特別支援学校に在学する学齢児童又は学齢生徒を除き，次の各号のいずれかに該当する児童等に対して行うことができる。

　一　性行不良で改善の見込がないと認められる者

　二　学力劣等で成業の見込がないと認められる者

　三　正当の理由がなくて出席常でない者

　四　学校の秩序を乱し，その他学生又は生徒としての本分に反した者

④第二項の停学は，学齢児童又は学齢生徒に対しては，行うことができない。

⑤学長は，学生に対する第二項の退学，停学及び訓告の処分の手続を定めなければならない。

表15-2　校長が行う処分としての懲戒の適用

懲戒の種類	主な学校種		
	小・中・義務教育学校		高等学校
	公立	国・私立	
退学	×	○	○
停学	×	×	○
訓告	○	○	○

（注1）特別支援学校小・中学部への適用は小・中・義務教育学校と同じ
（注2）公立の併設型中学校では退学が適用可能

　つまり，懲戒は2つに大別できる。「校長が行う処分としての懲戒」と「校長及び教員が行う事実上の懲戒」である。処分としての懲戒の学齢児童生徒への適用には表15-2のとおり制限があり，国公私立学校のいずれも「自宅謹慎」など事実上の停学にあたる指導は認められない。また，国私立の小・中学校などを退学した児童生徒は，公立小・中学校などに編入学する。
　体罰については，1948年に法務庁が文部省などからの問い合わせに，「体罰とは，懲戒の内容が身体的性質のものである場合を意味する。すなわち，①身体に対する侵害（なぐる，けるなど），さらに，②肉体的苦痛を与えるようなもの（正座・直立等の姿勢を長時間保持させる，トイレに行かせない，昼食を食べさせないなど）が体罰にあたる。ただし，肉体的苦痛については機械的には判断できず，さまざまな条件を考慮しなければならない。」と答えている。

2　事実上の懲戒，体罰，正当な行為

　文部科学省は，2013（平成24）年3月の「体罰の禁止及び児童生徒理解に基づく指導の徹底について（通知）」で，懲戒と体罰の区別について「当該児童生徒の年齢，健康，心身の発達状況，当該行為が行われた場所的及び時間的環境，懲戒の態様等の諸条件を総合的に考え，個々の事案ごとに判断する必要がある。この際，単に，懲戒行為をした教員等や，懲戒行為を受けた児童生徒・保護者の主観のみにより判断するのではなく，諸条件を客観的に考慮して判断すべきである。」としている。
　また，同通知は別紙で「(1) 体罰，(2) 認められる懲戒，(3) 正当な行為」

第 15 章　生徒指導に関する法制度　177

表 15-3　合法な指導と違法な指導

区　分		言葉や制度によるもの	有形力の行使（実力行使）を伴うもの
合法	日常の指導	ほめる 認める，励ます，評価する 指示（命令，禁止），注意，叱責	
	懲　戒 ＊文部科学省通知（平成 25 年 3 月13 日）から作成	〔校長・教員による通常の指導〕注意，叱責，居残り，別室指導，教室内の起立，宿題，清掃，学校当番の割当て，文書指導	
		〔校長による処分〕退学，停学，訓告	
	秩序維持等の措置	正当行為（一時的な教室退去など）	正当防衛，正当行為（暴力等の制止，教室退去など）
		〔教育委員会による〕出席停止	
	連　携	保護者との連携	
		関係機関（警察・家庭裁判所・児童相談所等）との連携	
違法	懲　戒　法令違反	学齢児童生徒に対する自宅謹慎，自宅学習等	
	懲　戒　体罰	肉体的苦痛を与えるようなもの（長時間の正座・直立等）	身体に対する侵害（殴る，蹴る等）

（出典：本村清人・三好仁司（編著）　2013　体罰ゼロの学校づくり　ぎょうせい　を一部改変）

の事例を示している。とくに誤解されやすい「(3) 正当な行為（通常，正当防衛，正当行為と判断されると考えられる行為）」では，他の児童生徒や教師に暴力を振るったり，大声を出して授業を妨害するなどの場合には，児童生徒の身体を抑えたりして制止することは「正当な行為」として認められ，体罰には当たらないことを例示している。このような実力行使を「有形力の行使」という。この通知を参考に，指導の合法性を整理すると表 15-3 のようになる。

3　体罰の発生件数と発生状況

　2012（平成24）年 12 月に，部活動中の体罰が背景にある高校生の自殺事案が発生し，文部科学省が児童生徒や保護者へのアンケート調査などを含む詳細な実態調査を行った。その結果，2012 年度に 6,694 件，2013 年度に 4,175 件の体罰事案が報告された。その後，2014 年度に 1,126 件，2015 年度に 890 件と

表 15-4 2015（平成 27）年度の国公私立学校における体罰時の状況（抜粋）

区　分		小学校	中学校	高等学校	中等教育学校	特別支援学校	合　計
発生件数		205 件	368 件	294 件	1 件	22 件	890 件
場面	授業中	52.7%	29.1%	31.3%	100.0%	40.9%	35.6%
	部活動	2.0%	25.8%	34.0%	0.0%	0.0%	22.4%
場所	教　室	63.4%	33.2%	29.9%	100.0%	63.6%	39.9%
	運動場・体育館	10.7%	29.6%	37.1%	0.0%	4.5%	27.1%

（注）2015（平成 27）年度に教育職員の処分等が行われたもの

（出典：文部科学省　体罰の実態把握について（平成 27 年度）　から作成）

報告件数は大きく減少しているが，今もなお体罰はなくなっていない。

　表 15-4 を見ると，2015（平成 27）年度に体罰が発生した場面・場所は，中学校と高等学校では「部活動」と「運動場・体育館」が多い。文部科学省は「運動部活動での指導のガイドライン」（2013（平成 25）年）で，体罰のほかにも「許されない指導と考えられるものの例」として，「パワーハラスメントと判断される言葉や態度による脅し，威圧・威嚇的発言や行為，嫌がらせ等を行う」「セクシャルハラスメントと判断される発言や行為を行う」「身体や容姿に係ること，人格否定的（人格等を侮辱したり否定したりするような）な発言を行う」などをあげている。

4　体罰にかかわる教員の懲戒処分と教員の不祥事

　表 15-5 によると，体罰による公立学校の教育職員の処分者が，2012（平成24）年と 2013（平成 25）年度に急増し，その後減少していることがわかる。

　また，2015（平成 27）年度の教職員の学校内外における不法行為などに対する懲戒処分等の状況は，表 15-6 のとおりである。近年は，毎年約 200 人が懲戒免職となっており，そのおよそ半数はわいせつ行為等による。また，交通違反・交通事故で免職や停職になる事案のほとんどは酒気帯び運転による。「その他」には，個人情報の不適切な取扱い，傷害事件，窃盗，公金横領などさまざまな不正や不法行為が含まれる。

　体罰による免職や停職の割合は他の不祥事に比べて少ないが，体罰が児童生徒に与える影響は大きい。体罰の防止には，特に次の 2 点が大切である。

第15章　生徒指導に関する法制度　179

表15-5　体罰に係る公立学校教育職員の懲戒処分等の推移（単位：人）

年度	懲戒処分の種類				合計	訓告等	総計
	免職	停職	減給	戒告			
2011	0	20	52	54	126	278	404
2012	3	16	90	67	176	2,077	2,253
2013	0	32	178	200	410	3,543	3,953
2014	0	13	117	104	234	718	952
2015	0	12	80	82	174	547	721

（出典：文部科学省　公立学校教職員の人事行政状況調査　から作成）

表15-6　公立学校教育職員の懲戒処分等の状況（単位：人）

区分	懲戒処分の種類				合計	訓告等	総計
	免職	停職	減給	戒告			
わいせつ行為等	118	63	10	4	195	29	224
交通違反・事故	42	38	57	118	255	2,773	3,028
体　罰	0	12	80	82	174	547	721
その他	37	64	93	125	319	2,028	2,347
合　計	197	177	240	329	943	5,377	6,320

（出典：文部科学省　公立学校教職員の人事行政状況調査　から作成）

①学校は，指導が困難な児童生徒の対応について，組織的な指導を徹底し，
　管理職や生徒指導担当教員を中心に，指導体制を常に見直すこと。
②教師は，体罰について理解し指導の在り方を見直すとともに，指導で困難
　を抱えた場合や体罰を見かけた場合に，管理職や他の教師などへ報告・相
　談すること。

第3節　出席停止

1　出席停止の根拠法令

出席停止には，学校教育法の性行不良による出席停止と，学校保健安全法の
感染症による出席停止の2つがある。ここでは前者を取り上げる。
学校教育法第35条第1項は，公立小学校の出席停止について，

市町村の教育委員会は，次に掲げる行為の一又は二以上を繰り返し行う等性行不良であつて他の児童の教育に妨げがあると認める児童があるときは，その保護者に対して，児童の出席停止を命ずることができる。

一　他の児童に傷害，心身の苦痛又は財産上の損失を与える行為

二　職員に傷害又は心身の苦痛を与える行為

三　施設又は設備を損壊する行為

四　授業その他の教育活動の実施を妨げる行為

と定めており，公立の中学校と義務教育学校にも準用される。

　出席停止の制度については，次の3つの点に注意する必要がある。

①**出席停止は懲戒ではない。**学校の秩序を維持し，他の児童生徒の義務教育を受ける権利を保障するという観点で設けられている制度である。学校が最大限の努力を尽くしてもなお問題行動が改善しない場合に，やむを得ず適用する措置である。

②**出席停止を命じる対象は児童生徒ではなくその保護者である。**第35条第2項は，「あらかじめ保護者の意見を聴取するとともに，理由及び期間を記載した文書を交付しなければならない」としている。

③**出席停止を命じるのは市町村教育委員会であり，校長が命じるのではない。**義務教育を一時的に停止するという重大な措置だからである。また，教育委員会は出席停止中の教育上必要な措置を講じなければならない。

2　出席停止の実施状況

　出席停止の理由は，対教師暴力や生徒間暴力，授業妨害が大半を占める。

　出席停止の件数は，表15-7のとおりきわめて少ない。その背景には，出席停止による問題行動の改善が見込めない，出席停止中の学習支援や家庭連携が教師の負担になる，などの事情があると考えられる。また，暴力行為の加害児童生徒が，非行少年としての処遇を受けるケースも考えられる（図15-1）。

表 15-7　出席停止の件数の推移（単位：件）

年度	2007	2008	2009	2010	2011	2012	2013	2014	2015	2016
小学校	0	1	0	0	0	0	0	0	1	4
中学校	40	45	43	51	18	27	47	25	14	14
合計	40	46	43	51	18	27	47	25	15	18

（出典：文部科学省　2017　児童生徒の問題行動・不登校等生徒指導上の諸課題に関する調査　から作成）

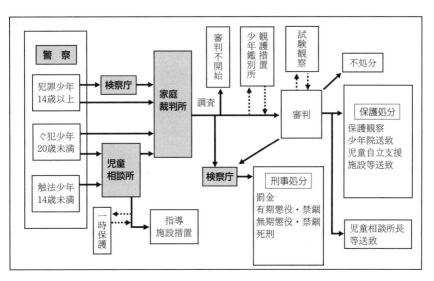

図 15-1　非行少年の処遇（出典：文部科学省　2010　生徒指導提要）

第4節　青少年の保護育成法令

1　国における子ども・若者育成支援

　2010（平成22）年4月に「子ども・若者育成支援推進法」が施行された。従来の「青少年」に代えて「子ども・若者」ということばを使用し，乳幼児期から30代までを広く対象とし，育成と支援を推進することとなった。同法が制定された主な背景は次の3点である。
　①児童虐待，いじめ，少年による重大事件の発生，有害情報の氾濫など，子ども・若者をめぐる環境の悪化

②ニートやひきこもり，不登校，発達障害などの精神疾患など子ども・若者
　の抱える問題の深刻化
③従来の個別分野における縦割り的な対応では限界

　国は内閣総理大臣を本部長とする子ども・若者育成支援推進本部（旧青少年
育成本部）を設置し，2016（平成28）年に「子供・若者育成支援推進大綱」（旧
「子ども・若者ビジョン」）を決定している。大綱の「子供・若者の成長のため
の社会環境の整備」では，保護者等への積極的な支援，「チームとしての学校」
と地域との連携・協働，地域全体で子どもを育む環境づくり，子ども・若者が
犯罪等の被害に遭いにくいまちづくり，子ども・若者を取り巻く有害環境等へ
の対応などが取り上げられている。また，都道府県や市町村も「子ども・若者
支援計画」を作成するよう努めることになっている。

2　青少年保護育成条例

　青少年保護育成条例とは，18歳未満の青少年の健全な育成を図るため，青
少年を有害な行為や環境から保護することなどを定めている条例の総称であ
る。条例の名称は，「青少年保護育成条例」や「青少年健全育成条例」が多い
が，都道府県によりさまざまで，市町村が条例を定めている地域もある。
　条例の内容は，次の①と②に大別できるが，具体的な項目や規制内容は地域
によって異なる点もある。
①環境浄化（有害な環境の規制）　有害図書や有害がん具等の販売，出会い系喫
茶営業，インターネット上の有害情報，などに関する規制や制限
②健全育成を阻害する行為の規制　わいせつ行為等，深夜外出等，有害薬品類の
販売等，いれずみ，などに関する規制や制限
　多くの規制条項は罰則付きだが，インターネット上の有害情報に関する規制
は，努力義務や自主規制とされており，罰則を設けていないことが多い。

第5節　少年法と非行少年の処遇

1　少年法

少年法第1条は，「この法律は，少年の健全な育成を期し，非行のある少年

第 15 章　生徒指導に関する法制度　183

表 15-8　非行少年と不良行為少年

非行少年	犯罪少年	罪を犯した 14 歳以上 20 歳未満の者
	触法少年	刑罰法令に触れる行為をした 14 歳未満の者
	ぐ犯少年	保護者の正当な監督に服しない性癖があるなど，一定の事由があって，その性格又は環境から判断して，将来，罪を犯し，又は刑罰法令に触れる行為をするおそれのある少年
不良行為少年		非行少年には該当しないが，飲酒，喫煙，深夜はいかいその他自己又は他人の徳性を害する行為をしている少年

に対して性格の矯正及び環境の調整に関する保護処分を行うとともに，少年の刑事事件について特別の措置を講ずることを目的とする」と，法の目的を定め，20 歳未満の者を「少年」，20 歳以上の者を「成人」としている。

また，非行少年については少年法が，不良行為少年については国家公安委員会規則である少年警察活動規則が，表 15-8 のように定めている。少年法が 14 歳未満の非行少年を触法少年としているのは，刑法第 41 条が「14 歳に満たない者の行為は，罰しない。」と定めているからである。

2　非行少年の処遇

少年は成人に比べると，未熟であると同時に矯正の可能性も高く，成人とは異なる処遇を行う制度となっている。少年事件の流れは，おおむね図 15-1 のようになる。犯罪少年の事件はすべて家庭裁判所へ送致され（全件送致），触法少年の場合は児童相談所への通告となる。

3　不良行為と関連法令

少年警察活動は，少年の非行の防止および保護を通じて，少年の健全な育成を図るための活動である。街頭補導や少年に関する相談，犯罪や児童虐待の被害を受けた少年の保護などさまざまな活動がある。なお，「補導」は昔は「輔導」と書き，「輔け（たすけ）導く」という意味で，非行や不良行為を罰することではない。

主な不良行為と関連法令は，(1) ～ (3) のとおりである。それぞれの法令が，親や販売店，飲食店などに対する罰則を定めている。飲食店等が「風俗営

業等の規制及び業務の適正化等に関する法律」により，規制を受ける場合もある。

（1）飲酒：未成年者飲酒禁止法

親は，未成年の飲酒を制止しなければならない。また，販売店や飲食店は客の年齢を確認し，未成年に酒類を販売や提供してはならず，違反した場合は罰金に処するという法律である。

（2）喫煙：未成年者喫煙防止法

未成年者飲酒禁止法と同様，親や販売店への科料や罰金を設けている。

（3）深夜はいかい：青少年保護育成条例（地方公共団体が定める）

青少年保護育成条例の多くは，午後11時から翌日午前4時までを「深夜」とし，18歳未満の青少年に正当な理由なしに外出させないよう定めている。青少年を連れ回した成人に対する罰則を設けている条例が多い。

●参考文献

窪田眞二・小川友次　2017　教育法規便覧 平成29年版　学陽書房
国立教育政策研究所　2011　学校と関係機関等との連携　東洋館出版社
本村清人・三好仁司（編著）　2013　体罰ゼロの学校づくり　ぎょうせい
文部科学省　2011　生徒指導提要　教育図書

索 引

■ア行

ICD-10 116
安全学習 161, 170, 171
安全課題 162
安全管理 162, 170
安全教育 161, 170
安全指導 161, 170, 171
生きる力 10, 21, 26, 28, 30, 127, 148, 161
いじめ 89
いじめ相談 157
いじめの構造 91
いじめの態様 93
いじめ防止対策推進法 89
逸話記録法 39
インクルーシブ教育 115
飲酒 166, 184
インターンシップ 134
WISC 42
WPPSI 42
WAIS 41
ウェクスラー（Wechsler, D.） 41
ウェクスラー式知能検査 41
内田クレペリン精神作業検査 42
SNS（ソーシャル・ネットワーキング・
　サービス） 70, 167, 174
MMPI（ミネソタ多面的人格目録） 42
OJT（実務経験を通した訓練） 51

■カ行

カウンセリング技法 143
カウンセリングマインド 144

学習指導 9
学習指導要領 9, 15, 17, 18, 125, 136
学習障害（LD） 117
学級運営 44
学校安全 160
学校間の連携 62
学校教育相談 136
学校教育法 83, 85, 175, 179
学校嫌い 102
学校種間連携 61
学校と地域の連携・協働 155
学校保健安全法 160
家庭裁判所 183
家庭内暴力 83
兼田ツヤ子 70
観察法 37
喫煙 166, 184
規範意識 45
器物損壊 81
キャリア 126
キャリアカウンセリング 132
キャリア教育 18, 125, 126, 132, 137
キャリア教育推進委員会 129
キャリアパスポート 134
キャリア発達 127
キャリアプランニング能力 133
教育課程 22
教育相談 136
教育相談コーディネーター 142
教育相談所・相談室 157
教員研修 49

教科の指導　24
共感　99
共感的な人間関係　22, 25, 27, 29, 31
共生社会　165
具体的操作期　34
ぐ犯行為　67
形式的操作期　34
傾聴　99
ケース会議　57, 142
限局性学習障害　117
検査法　40
高機能自閉症　119
校区内ネットワーク　53
校則　173
校内暴力　81
合理的配慮　115
コーディネーター　44, 58
個人情報の保護　65
子どもオンブズパーソン　158
子どもにやさしいまち（Child Friendly Cities）　150
子どもの権利条約　150
子どもの参加の保障　152
子どもの人権　158
子供・若者育成支援推進大綱　154, 182
子ども・若者育成支援推進法　154, 181
子ども・若者ビジョン　154, 182
個別式知能検査　40
個別の支援計画　59

■サ行
再発防止　96
サイン　71, 100, 143
坂本昇一　74
作業検査法　42
CAT（児童用絵画統覚検査）　43

自我同一性（アイデンティティ）　36
時間見本法　39
自己教育力　10, 18
自己決定　21, 24, 27, 28, 30
自己指導能力　8, 18
自己制御の発達　34
自己存在感　21, 25, 27, 28, 30
自己に関する発達　34
自殺　168
思春期危機　121
質問紙法　42
児童期　32
児童虐待　169
児童自立支援施設　157
児童心理治療施設　157
児童生徒理解　32, 36
児童相談所　157, 183
児童養護施設　157
指導要録　51
自閉症スペクトラム障害（ASD）　119
シモン（Simon, T.）　40
社会教育　153
就学時健康診断　114
集団式知能検査　42
出席停止　83, 179
守秘義務　65
巡回相談員　123
小1プロブレム　34, 61
障害者差別解消法　116
障害者自立支援法　115
生涯発達　32
少年鑑別所　158
少年法　182
情報共有　56
情報公開　66
職場体験　134

索　引　187

触法行為　67
事例研究法　43
深夜はいかい　184
心理教育　144
進路指導　131
随時相談　142
スクールカウンセラー（SC）139
スクールソーシャルワーカー（SSW）140
スクリーニング　142
ストレス　79
スマートフォン　167, 174
青少年保護育成条例　182, 184
正当な行為　177
生徒間暴力　81
生徒指導　7
生徒指導主事　11, 47
生徒指導体制　44
生徒指導提要　7, 82, 83, 138, 148, 173
生徒指導の機能　21
生徒指導の手びき　11, 137
生徒指導部　47, 55
青年期　35
セクシャルハラスメント　178
説明責任　66
全体計画　130
専門家チーム　124
早期対応　95, 146, 169
早期発見　71, 94, 98, 143, 146, 169
総合的な学習の時間　27
組織的対応　55

■タ行
ターマン（Terman, L. M.）40
対教師暴力　81
体験活動　134
対人管理　162

対人暴力　81
第二次性徴　36
体罰　85, 176
対物管理　162
確かな学力　21, 28
地域学校協働活動　156
チーム学校　19, 140
チームによる支援　55
知的能力の発達　34
知能検査　40
知能指数（IQ）41
注意欠陥多動性障害（ADHD）117
注意欠如・多動性障害　117
中1ギャップ　36, 107
中学校・高等学校進路指導の手引　131
中途退学　107
懲戒　45, 85, 175
通級指導教室　115
TAT（絵画統覚検査）43
DSM-5　117
定期相談　142
適応指導教室（教育支援センター）
　　111, 157
同一性拡散　36
投影法　43
登校拒否　102
道徳教育　26
道徳性の発達　35
特別活動　29, 125, 133
特別支援学級　115
特別支援学校　114
特別支援教育　113
特別支援教育コーディネーター　48, 123
特別支援専門員　123
ドメスティック・バイオレンス（DV）80

■ナ行

仲間関係の発達　35
仲間の圧力（ピア・プレッシャー）
　　163, 164
なりすまし　69
二次的障害　121
ネット上のいじめ　97
年間指導計画　48, 131

■ハ行

パーソナリティ検査　42
場所見本法　39
発達　32
発達課題　36
発達障害　165
発達障害者支援法　115
バルテス（Baltes, P.）　32
パワーハラスメント　178
犯罪行為　67
反社会的問題行動　67
バンデューラ（Bandura, A.）　80
ピアジェ（Piaget, J.）　34
P-Fスタディ（絵画欲求不満テスト）　43
非行防止　158
非社会的問題行動　68
ビネー（Binet, A.）　40
ビネー式知能検査　41
病院　157
標準化　40
評定尺度法　39
不安　105
フォルクマン（Folkman, S.）　79
福祉事務所　157
藤田主一　86
不登校　101
不登校の要因　105

不登校の態様　104
不登校への対応と支援　108
フラストレーション　79
プロジェクトチーム　47
暴力行為　78

■マ行

学ぶ意欲　21, 30
未成年者飲酒禁止法　184
未成年者喫煙防止法　184
未然防止　93, 98
宮城まり子　132
無気力　104, 105
面接法　39
モデリング　80
問題行動　67

■ヤ行

薬物乱用　166
矢田部・ギルフォード性格検査（YG性
　　格検査）　42
やまだようこ　32
有形力の行使　177
豊かな人間性　26
予防的教育相談　146

■ラ行

ラザルス（Lazarus, R. S.）　79
ラポール　39
ロールシャッハ・テスト　43

編 者

藤田 主一　日本体育大学名誉教授

齋藤 雅英　日本体育大学スポーツ文化学部

宇部 弘子　日本体育大学児童スポーツ教育学部

市川 優一郎　日本体育大学体育学部

執筆者

森嶋 昭伸（第 1 章）　前日本体育大学児童スポーツ教育学部

森 徹（第 2 章）　前日本体育大学児童スポーツ教育学部

堀 洋元（第 3 章）　大妻女子大学人間関係学部

白旗 和也（第 4 章）　日本体育大学児童スポーツ教育学部

後藤 彰（第 5 章）　日本体育大学スポーツ文化学部

佐々木史之（第 6 章）　環太平洋大学体育学部

市川 優一郎（第 7 章）　編 者

松平 昭二（第 8 章）　前日本体育大学体育学部

藤田 主一（第 9 章）　編 者

宇部 弘子（第 10 章）　編 者

齋藤 雅英（第 11 章）　編 者

三村 覚（第 12 章）　大阪産業大学スポーツ健康学部

半田 勝久（第 13 章）　日本体育大学体育学部

門屋 貴久（第 14 章）　日本体育大学スポーツ文化学部

三好 仁司（第 15 章）　前日本体育大学体育学部

生きる力を育む生徒指導

2018 年 4 月 25 日　初版第 1 刷発行
2022 年 8 月 30 日　　　第 4 刷発行

編著者　　藤田主一・齋藤雅英・宇部弘子・市川優一郎
発行者　　宮下基幸
発行所　　福村出版株式会社

〒 113-0034　東京都文京区湯島 2-14-11
電話　03-5812-9702　FAX　03-5812-9705
https://www.fukumura.co.jp
印刷　モリモト印刷株式会社
製本　協栄製本株式会社

©S. Fujita, M. Saito, H. Ube, Y. Ichikawa　2018
Printed in Japan
ISBN978-4-571-10184-7 C3037
定価はカバーに表示してあります。
乱丁・落丁本はお取替えいたします。

福村出版◆好評図書

藤田主一・齋藤雅英・宇部弘子・市川優一郎 編著
こころの発達によりそう教育相談
◎2,300円　　ISBN978-4-571-24067-6　C3011

子どもの発達に関する基礎知識，カウンセリングの理論・技法，学校内外の関係者との協働について解説。

藤田主一・齋藤雅英・宇部弘子 編著
新 発達と教育の心理学
◎2,200円　　ISBN978-4-571-22051-7　C3011

発達心理学，教育心理学を初めて学ぶ学生のための入門書。1996年初版『発達と教育の心理学』を全面刷新。

藤田主一 編著
新 こころへの挑戦
●心理学ゼミナール
◎2,200円　　ISBN978-4-571-20081-6　C3011

脳の心理学から基礎心理学，応用心理学まで幅広い分野からこころの仕組みに迫る心理学の最新入門テキスト。

藤田主一・板垣文彦 編
新しい心理学ゼミナール
●基礎から応用まで
◎2,200円　　ISBN978-4-571-20072-4　C3011

初めて「心理学」を学ぶ人のための入門書。教養心理学としての基礎的事項から心理学全般の応用までを網羅。

藤田主一・楠本恭久 編著
教職をめざす人のための
教育心理学
◎2,200円　　ISBN978-4-571-20071-7　C3011

教職をめざす人のための「教育心理学」に関する基本テキスト。教育心理学の最新情報が満載の必読書。

日本応用心理学会 企画／藤田主一・浮谷秀一 編
現代社会と応用心理学 1
クローズアップ「学校」
◎2,400円　　ISBN978-4-571-25501-4　C3311

目まぐるしく変化する現代社会に対応を迫られる学校。現場で何が起きているのか，「こころ」の問題を探る。

日本青年心理学会 企画／大野 久・小塩真司・佐藤有耕・白井利明・平石賢二・溝上慎一・三好昭子・若松養亮 編集
君の悩みに答えよう
●青年心理学者と考える10代・20代のための生きるヒント
◎1,400円　　ISBN978-4-571-23057-8　C0011

悩みを抱く青年を応援すべく，心の専門家がQ＆A形式で彼らの悩みに答える。進路指導・学生相談にも最適。

◎価格は本体価格です。